MÉTHODE

ET

EXERCICES NOUVEAUX A L'USAGE DES ENFANTS

POUR LEUR RENDRE FACILE L'ÉTUDE

DU

PLAIN-CHANT

PETIT ESSAI

OFFERT AU CLERGÉ PAROISSIAL AINSI QU'AUX INSTITUTEURS PRIMAIRES
POUR LEUR EN FACILITER L'ENSEIGNEMENT

PAR

L'Abbé ANTONIN MAGNAT, Prêtre

NOUVELLE ÉDITION.

GIRARD ET JOSSERAND, LIBRAIRES - ÉDITEURS

LYON	PARIS
Place Bellecour, 30	Rue Cassette, 5

MÉTHODE

ET

EXERCICES NOUVEAUX A L'USAGE DES ENFANTS

POUR LEUR RENDRE FACILE L'ÉTUDE

DU PLAIN-CHANT

PROPRIÉTÉ

LYON. — IMPRIMERIE DE GIRARD ET JOSSERAND.
Rue Saint-Dominique, 13.

MÉTHODE

ET

EXERCICES NOUVEAUX A L'USAGE DES ENFANTS

POUR LEUR RENDRE FACILE L'ÉTUDE

DU

PLAIN-CHANT

PETIT ESSAI

OFFERT AU CLERGÉ PAROISSIAL AINSI QU'AUX INSTITUTEURS PRIMAIRES
POUR LEUR EN FACILITER L'ENSEIGNEMENT

PAR

L'Abbé ANTONIN MAGNAT, Prêtre

TROISIÈME ÉDITION

GIRARD & JOSSERAND, LIBRAIRES-ÉDITEURS

LYON	PARIS
PLACE BELLECOUR, 30	RUE CASSETTE, 5

1865

POURQUOI

CETTE MÉTHODE DE PLAIN-CHANT?

Je répondrai tout simplement : *Parce qu'il n'y en a pas ;*

Et ma réponse est en même temps mon excuse, car bien que cette Méthode soit faite principalement pour des enfants, bien que ce soit à des frères dans le sacerdoce que je l'offre tout spécialement, il ne fallait rien moins cependant qu'une absence aussi totale, pour me donner ce que je sentais bien ne pas avoir par moi-même : le droit de m'adresser à un public.

Il n'y a pas de méthode de *plain-chant*, du moins je n'en connais pas !

Cela m'a toujours paru être une lacune inexplicable, et très souvent je me suis demandé : Pourquoi donc n'y en a-t-il pas?

Toutes les branches de la science ont la leur ; le chant profane en a déjà sous toutes les formes, et chaque jour en voit surgir de nouvelles.

Allez voir les splendides boulevards parisiens ; promenez-vous un peu sur les trottoirs lyonnais et sur ceux des principales villes de France ; le coup d'œil que vous jetterez sur leurs magnifiques devantures, offrant de si luxuriantes expositions, vous y fera voir une multiplicité de brochures qui, avec des titres différents, ont toutes le même but : Enseigner le chant profane, le chant des théâtres et des salons; preuve évidente du zèle de l'esprit mondain.

Mais, pour le *plain-chant*, qui est le chant sacré, le chant de l'église, du sanctuaire, de l'autel et de Dieu, vous ne verrez rien, je n'ai rien vu moi-même.

Vraiment, la science n'est-elle pas là évidemment injuste ?

Employer toute sa puissance pour rendre l'harmonie accessible à tous par le côté où, le plus souvent, elle empoisonne tant de cœurs et tue tant d'âmes, et n'avoir rien fait, ne rien faire pour qu'elle soit aimée et popularisée par le seul côté où elle ne peut que donner les saintes pensées et les salutaires élévations de l'âme vers le Ciel !

Il n'y a pas de Méthode de *plain-chant !* et, qu'en résulte-t-il? Un très grand mal.

Il en résulte que, les principes élémentaires du *plain-chant* n'étant point encore sortis de leur enveloppe sèche et aride, leur étude est essentiellement monotone et repoussante.

Il en résulte que les enfants qui, par la nature de leur âge, n'aiment une étude quelconque qu'autant qu'elle leur plaît, n'ont aucun attrait pour celle du *plain-chant* et ne veulent point l'apprendre.

Il en résulte que former des chantres pour les églises est chose le plus souvent impossible, et que, dans la plupart des paroisses, le chant des offices divins est dans une souffrance qui va croissant de jour en jour.

Voilà ce que j'appelle un très grand mal, un mal souverainement déplorable, et, je puis le dire aussi, un mal souverainement déploré. Déploré par le prêtre, déploré par le simple fidèle, puisque, tout comme le prêtre, le simple fidèle aime, car il le sent, ce qui est le beau dans l'extérieur du culte catholique; et lui aussi le regrette quand il ne le retrouve pas, aux jours où il vient aux pieds du bon Dieu de nos tabernacles chercher de douces et pieuses émotions pour nourriture à son âme.

Or, dans les cérémonies religieuses, ce qui va le plus directement à l'âme; ce qui lui parle le plus, à elle, c'est le chant, le chant bien exécuté et bien pieux.

Oui, le prêtre prie mieux, le fidèle aussi prie mieux dans une église où l'on chante bien.

Eh bien! essayer de faire disparaître ce mal en détruisant ses causes;

Aider à faire chanter bien dans toutes les églises en facilitant l'étude du *plain-chant;*

Faciliter cette étude en parlant aux yeux des enfants par des signes visibles pour aider leur jeune intelligence à comprendre certaines notions trop abstraites;

Faire que cette étude soit plus attrayante en l'offrant sous une forme moins sévère;

Présenter cette étude dans toute sa simplicité en la dépouillant de tout ce qui, trop scientifique, est complétement inutile pour le simple savoir chanter;

Faire oublier l'ennui que fait naître la répétition d'exercices monotones, en mêlant au chant des notes des paroles amusantes quelquefois;

En un mot, faire que le *plain-chant* soit aimé, voilà le *pourquoi* de cette Méthode.

Je regrette bien que des mains plus habiles n'aient pas entrepris un travail sur ce sujet; il eût été plus à la hauteur de la dignité de son objet; mais, puisque personne n'a cru devoir le réaliser, le plus petit d'entre les frères peut bien en tenter un *petit essai*, fort de son seul bon vouloir et confiant dans les sympathies qu'il espère.

L'Abbé **ANTONIN**.

AUX ENFANTS

Je ne vous connais pas tous, mes bons petits amis, vous êtes si nombreux dans les quarante mille paroisses de la France, mais je connais bien assez d'enfants pour savoir qu'en général vous êtes tous aimables, pleins de bonne volonté et surtout bien désireux de grandir toujours sages, ce qui suffit pour me donner le droit de vous aimer tous et chercher à vous faire plaisir.

Eh bien', mes petits amis, vous être agréable et vous faire plaisir, voilà toute la pensée de cette petite Méthode de Plain-Chant que je vous adresse.

Et comment donc, allez-vous dire peut-être?

Le voici :

N'est-il pas vrai que tous vous aimez bien à chanter? n'est-il pas vrai surtout que, lorsque vous êtes bien sages et enfants de parents pieux, vous aimez bien à chanter à l'église, aux offices du dimanche et des grandes fêtes?

Je l'ai très bien remarqué, pendant les huit années que j'ai déjà passées dans le saint ministère, où le prêtre est en contact surtout avec les enfants.

Ceci est tout à votre louange, mes bons petits amis, et vous fait honneur.

Mais, ce que j'ai parfaitement bien remarqué aussi, c'est que, le plus souvent, vous ne pouvez vous donner ce plaisir autant que vous le voudriez, parce que, n'apprenant pas à chanter, vous chantez mal, et que lorsque l'on chante mal, ce n'est pas joli du tout; ce n'est pas joli même dans les champs, à plus forte raison dans la maison du bon Dieu.

N'est-ce pas vrai cela?

Vous vous taisez parce que vous ne savez pas chanter, mais si réellement vous saviez bien chanter, vous chanteriez avec beaucoup plus de plaisir et par conséquent plus souvent.

Certes, mes petits amis, vous feriez là une bien bonne chose de chanter souvent, surtout dans l'église, car le bon Dieu vous a donné presque à tous de si jolies voix, que lorsqu'on vous entend chanter près de l'autel, pieusement et bien, on croirait volontiers être allé au ciel, ou bien que les anges sont descendus sur la terre.

Eh bien donc, vous chanteriez souvent si vous saviez bien chanter.

Mais pour savoir bien chanter il faut apprendre ; c'est une étude à faire, et cette étude-là a toujours été très ennuyeuse et toujours bien pénible aux enfants.

Or, par cette petite MÉTHODE je viens essayer de vous la rendre facile et vous la faire aimer.

Oui, vous la faire aimer, cela m'a paru chose nécessaire, car tous vous ne faites bien que ce que vous aimez.

Et comme aussi vous n'aimez bien que ce qui vous amuse, j'ai voulu, dans ce petit travail, mêler l'*utile* à un peu d'*agréable*, pour vous instruire en vous amusant.

Ceci vous explique la forme et le fond de ce petit travail.

Allons, mes petits amis, apprenez vite à bien chanter ; surtout gardez bien vos âmes innocentes, et lorsque vous irez devant l'autel célébrer les louanges du bon Dieu, tandis que votre famille, vos amis et toute la paroisse diront en vous entendant : Comme ils chantent bien ces enfants ; de son tabernacle le bon

Jésus vous regardera avec prédilection, et ce sera vous qu'il bénira de préférence.

Et, quand vous aurez bien chanté pour lui, bien prié pour vous, enfants, priez un peu pour moi.

L'Abbé ANTONIN.

Messieurs les Ecclésiastiques et Instituteurs primaires

chargés des leçons de chant

———

Faire monter et descendre la *gamme* est, en général, le premier exercice que l'on fait faire aux enfants qui commencent l'étude du *plain-chant*; ceci me paraît une faute.

La *gamme* étant un composé, il est évident que, pour la comprendre et la bien saisir, il faut connaître, avant tout, les parties qui la composent; sans cela, elle ne sera jamais qu'un exercice purement machinal, une succession de sons que les enfants monteront et descendront tout simplement comme un air quelconque et dont l'inutilité aura une influence fâcheuse sur tous les exercices suivants.

Or, les parties dont se compose la *gamme* sont les *tons* et les *demi-tons*; c'est donc par la connaissance de ces deux choses que l'on doit débuter.

Cette connaissance est fondamentale pour aller sûrement et vite en cette étude là, car elle décide, presque à elle seule, des succès à obtenir.

Que le maître en soit bien convaincu, il perdra beaucoup de temps et ne fera jamais de bons élèves, s'il ne commence tout d'abord par leur faire bien comprendre ce que c'est qu'un *ton* et un *demi-ton*, par la différence qu'il y a entre l'un et l'autre.

Là est presque toute la science du savoir chanter, le reste n'étant que le jeu de la mémoire des yeux s'exerçant sur un mécanisme qui peut être appelé : *Le matériel du chant.*

Ce serait une erreur réelle de penser que la nuance de son qu'il y a entre *ton* et *demi-ton*, soit chose bien facile à saisir, et surtout bien facile à exécuter ; cela n'est pas facile pour beaucoup de grandes personnes, et c'est une vraie difficulté pour tous les enfants.

Mais c'est précisément parce que cette difficulté est positive, qu'il est absolument nécessaire de la surmonter avant toute autre étude.

Donc, pour première leçon, parlez à vos élèves du *ton* et du *demi-ton*.

La vérité est *une*, mais les moyens de l'enseigner sont *mul-*

tiples. Chacun a sa manière de concevoir une chose, chacun aussi à son mode particulier et personnel pour transmettre à un autre une vérité conçue.

Il est donc évident que, pour arriver à faire comprendre aux enfants ce que c'est qu'un *ton* et un *demi-ton*, le professeur ne peut être astreint à aucune marche prescrite d'avance.

Toutefois il me semble que peut-être il ne sera pas inutile de faire connaître ici le mode dont je me suis toujours servi et qui toujours a donné de très beaux résultats.

Quand il s'agit d'un bien à produire et d'une plus grande facilité à procurer, aucun détail ne doit paraître trop petit.

Dites donc à vos élèves :

MÉTHODE

I

Ton et demi-Ton.

Vous savez tous, mes enfants, ce que c'est qu'un *son de voix*, puisque c'est le nom que l'on donne au bruit que fait votre gosier lorsque vous parlez ou que vous chantez.

Ainsi donc DO *(prononcez cette syllabe* DO *en faisant entendre à votre élève un son quelconque et un peu prolongé)*, voilà un son appelé : *Son de voix.*

Tous les sons de voix que le gosier peut faire entendre ne sont pas les mêmes; il y en a de *hauts*, il y en a de *bas*.

Par exemple DO *(prononcez* DO *sur un des tons élevés)* est plus haut que DO *(prononcez ce* DO *sur un des tons bas)*. La différence est bien sensible, surtout en les répétant plusieurs fois de suite l'un après l'autre, allant du son bas au son haut *(répétez-les)*.

Entre le son de voix le plus bas et le son de voix le plus haut, il y a un certain nombre d'autres sons de voix intermédiaires. En voici quelques uns : DO DO DO DO DO DO DO DO DO DO DO DO DO DO, etc. *(prononcez tous ces* DO *sur les différents sons de la gamme ascendante, commençant par le plus bas et allant jusqu'au plus haut qu'il vous sera possible)*.

N'est-il pas vrai, mes enfants, qu'en faisant entendre cette série de sons, ma voix vous a paru aller de l'un à l'autre comme pas à pas, degré à degré *(répétez ici tous ces sons de la gamme ascendante comme ci-dessus)*.

Eh bien ! oui, mes enfants, c'est réellement pas à pas, degré à degré, que ces sons vont de l'un à l'autre.

Mais ces degrés ne sont pas tous égaux ; les uns ne sont que la moitié des autres ; ceux-ci s'appellent *tons* et ceux-là *demi-tons* ; les deux figures ci-dessous, représentant deux degrés inégaux, dépeignent aux yeux la différence des premiers aux seconds :

Je vais maintenant vous faire comprendre et sentir leur différence à l'oreille.

Voici un son, mes enfants, remarquez-le bien : DO *(faites entendre un son de voix quelconque et un peu prolongé en prononçant cette syllabe* DO *).*

Ce son de voix isolé et seul n'est ni *ton* ni *demi-ton*, c'est un son, voilà tout.

En voici un autre : DO *(faites entendre un son de voix qui soit un* ton *plus haut que le premier).* Isolé et seul, ce son n'est encore ni ton ni *demi-ton*, mais tout simplement un *son*.

Mais entre ces deux sons, mes enfants, il y a une différence que vous allez facilement remarquer en les entendant répéter. Écoutez : *(répétez plusieurs fois ces deux sons l'un après l'autre, allant du son bas à celui qui est un ton plus haut, succession indiquée par la figure ci-dessous) :*

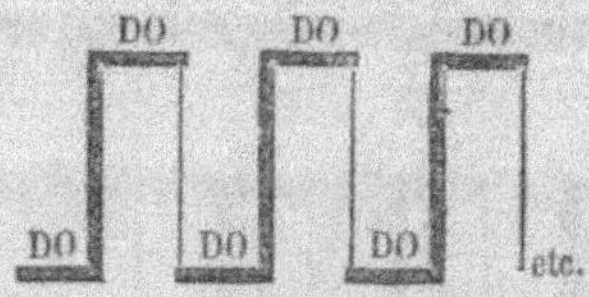

L'un est plus haut que l'autre ; eh bien, c'est cette différence de son qui constitue un pas entier ou un degré que l'on a appelé *ton*.

Avant d'aller plus loin, Messieurs, répétez plusieurs fois cette explication, puis faites-en faire l'application par l'élève et dites-lui :

Faites entendre un son de voix quelconque en prononçant DO *(l'enfant donne ce son de voix)*.

Bien; répétez-le et faites-le suivre d'un autre qui soit un *ton* plus haut. . . . . , ...

L'élève hésitera d'abord; vous lui aiderez, il vous suivra, et vous le ferez recommencer jusqu'à ce qu'il sache appliquer seul et mettre un *ton* entre tous les sons réalisables s'éloignant par progression ascendante.

Ce premier pas étant fait, vous ferez de nouveau entendre un son : DO. Vous le ferez suivre d'un autre qui soit un *ton* plus bas : DO. Vous en ferez ressortir la différence en les répétant plusieurs fois l'un après l'autre et allant du son élevé au son qui est un ton plus bas, comme l'indique la figure ci-dessous :

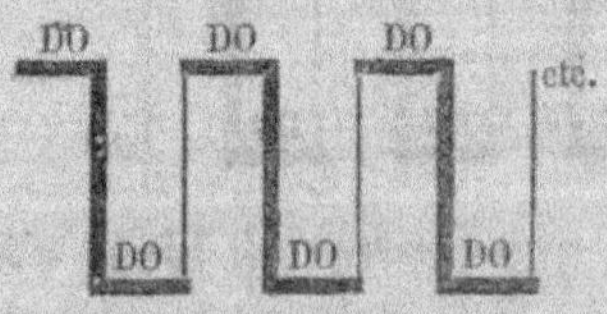

Vous ferez remarquer que l'un est plus bas que l'autre et

direz que c'est cette différence de son que l'on appelle un *ton* en progression descendante.

A son tour et sous votre direction l'élève exécutera cette application jusqu'à ce qu'il sache la réaliser seul.

De là, passant au *demi-ton*, vous opèrerez de même et direz à vos élèves :

Mes enfants, voilà un son : <u>DO</u>, mais ce n'est qu'un son. En voilà un autre : <u>DO</u> *(mettez un* demi-ton *plus haut seulement)*. Ceci n'est encore qu'un son.

Mais entre l'un et l'autre il y a une différence qu'il vous est encore très facile de saisir en les entendant répéter l'un après l'autre; écoutez-les : *(répétez plusieurs fois ces deux sons successivement et allant du son bas à celui qui est plus haut d'un* demi-ton*, selon que l'indique la figure cidessous)* :

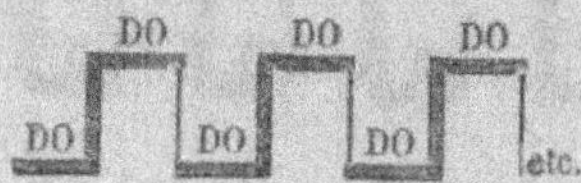

Eh bien! mes enfants, c'est cette différence de son que l'on appelle un *demi-ton* en progression ascendante.

Faites exécuter par l'élève, aidez-lui, répétez tous les deux et puis il ira seul.

Passant ensuite au *demi-ton* en progression descendante, et suivant le même chemin, vous ferez entendre deux sons, mettant le second un *demi-ton* plus bas; vous en ferez ressortir la différence en les répétant plusieurs fois suivant cette figure ci-dessous :

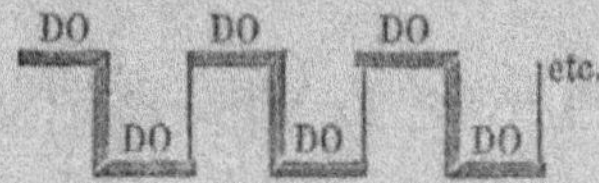

Après avoir fait remarquer que c'est là ce qui constitue le *demi-ton* descendant, vous ferez appliquer par votre élève.

Enfin pour mettre l'enfant en facilité de bien saisir la différence qu'il y a entre *ton* et *demi-ton*, vous répéterez plusieurs fois le *ton* et plusieurs fois le *demi-ton* suivant l'ordre marqué par la figure ici-placée :

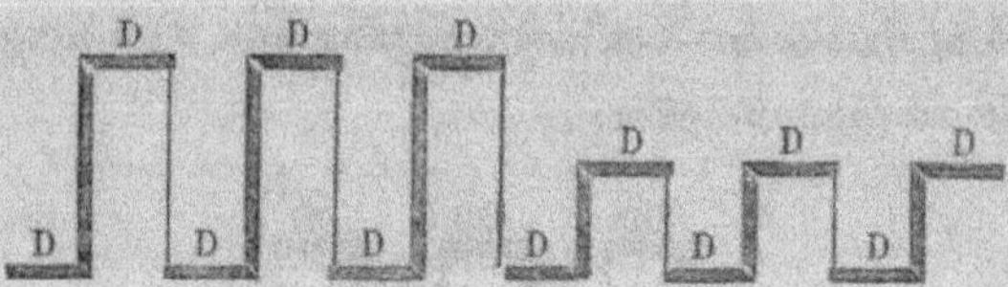

Exercice que vous répèterez pour la progression descendante, conformément à la marche tracée par la figure suivante :

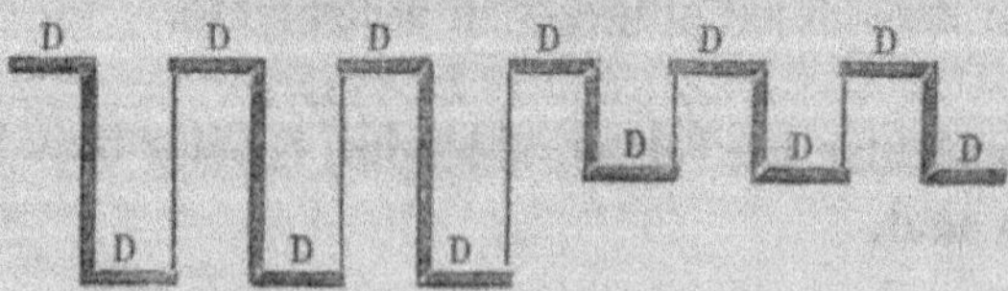

L'important est de ne pas passer outre avant que l'élève soit bien sûr de lui-même et sache appliquer, sans hésitation aucune, soit *ton*, soit *demi-ton*, entre tous les sons possibles, pris indistinctement çà et là parmi tous ceux que la voix humaine peut faire entendre.

Lorsque cette nuance de son sera bien dans l'oreille, et que le gosier aura été bien dressé à la réaliser, plus de la moitié du travail sera fait.

Et c'est pour acquérir la facilité que donne l'habitude d'entendre et de faire que l'élève devra répéter souvent les exercices du paragraphe IV, ayant soin de se rappeler la valeur des signes conventionnels que j'ai cru devoir admettre pour cette étude-là.

II

Signes conventionnels pour étudier les Tons et demi-Tons.

Ces signes ne sont que la réunion de lignes horizontales et de lignes perpendiculaires. Chaque ligne horizontale indique un son à faire entendre, et la perpendiculaire montre quelle est la distance à mettre entre les deux sons, ou un *ton*, ou un *demi-ton*.

Ton montant. | Demi-ton montant. | Demi-ton descendant. | Ton descendant.

Ces signes, placés à la suite les uns des autres, donnent les composés suivants :

Ton montant suivi d'un ton descendant. | Ton descendant suivi d'un ton montant.

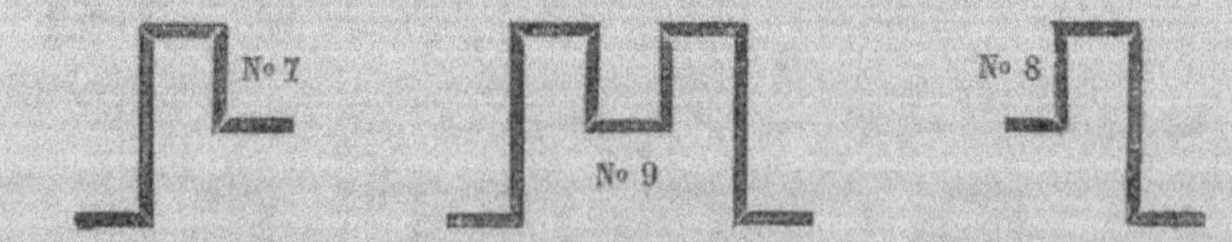

Ton montant suivi d'un demi-ton descendant. | Ton montant, demi-ton descendant, demi-ton montant, ton descendant. | Demi-ton montant suivi d'un ton descendant.

III

La Mesure.

Avant de tracer les exercices qui doivent compléter l'étude du *ton* et du *demi-ton*, je vais vous parler, mes enfants, d'une chose qui m'a toujours paru avoir une grande importance pour la facilité, la régularité et l'harmonie du chant, je veux dire : *La mesure*.

La *mesure*, mes enfants, c'est l'ordre, et sans l'ordre rien n'est agréable, parce que sans lui rien n'est beau ; c'est là la règle générale.

Et pourquoi ne donnerait-on pas au *plain-chant* le charme de cette beauté? Il aurait par là toute son expression bien pure, car il conserverait bien entière toute sa gravité.

Quelque belles que soient vos voix, mes enfants, quelles que soient la douceur et l'harmonie du chant que vous aurez à exécuter, si vous allez sans ordre, sans unité, rien ne sera joli, parce que tout cessera d'être pieux.

Je dis ceci pour l'église.

De plus, la *mesure* est absolument nécessaire pour me donner la facilité de pouvoir vous faire chanter de jolis airs de cantiques, de romances pieuses et même de joyeuses chansons que je vous adresserai plus tard, dans un autre petit ouvrage, et toujours sous la note du *plain-chant*.

Donc, mes enfants, apprenons vite la *mesure*.

Au reste, celle à laquelle je veux vous soumettre n'est pas difficile du tout.

Il s'agit tout simplement d'arriver à savoir former des *temps égaux*.

On appelle *temps égaux* des intervalles de temps qui ont la même durée.

Il y a, mes enfants, une manière bien simple pour se former à faire des *temps égaux*; la voici :

Prenez un fil un peu long, attachez à une de ses extrémités un petit corps pesant quelconque, une pierre par exemple, et par l'autre extrémité fixez-le n'importe où, de manière cependant que le petit corps pesant puisse se balancer lorsque vous l'aurez mis en mouvement.

Ce fil ainsi disposé constituera ce qu'on appelle *un pendule*, représenté par la figure ci-contre :

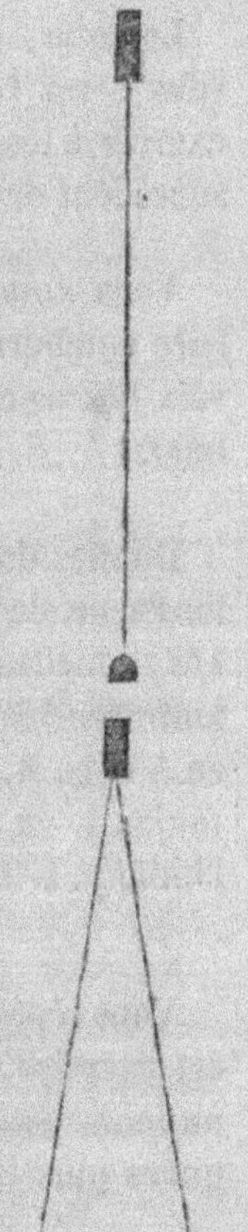

En se balançant, ce pendule ira de droite à gauche et de gauche à droite très régulièrement, et viendra successivement de A en B et de B en A, mettant toujours le même intervalle de temps pour aller à un point et revenir vers l'autre.

Donc, mes enfants, si, vous trouvant en face de ce pendule improvisé, vous battez un coup toutes les fois qu'il arrive en A puis en B, tous ces coups seront à intervalles de temps de la même étendue, et formeront des *temps égaux*.

Si vous voulez que la marche de votre balancier soit lente, pour vous donner une mesure lente et grave, donnez à votre fil une plus grande étendue ; comme aussi, si vous désirez une marche plus rapide, pour avoir une mesure plus accélérée, vous donnerez à votre fil une plus petite longueur.

Je vous conseille beaucoup de vous exercer sur toutes les mesures que vous donnera ce petit pendule, commençant par une longueur de 2 mètres (6 pieds) et la diminuant successivement de 10 centimètres en 10 centimètres (1/3 de pied).

Lorsque, en suivant les mouvements de ce pendule, vous vous serez bien formés à aller par *temps égaux*, il faudra vous exercer à les prendre pour mesure entre les sons de voix qui se succèdent dans le chant.

Vous commencerez d'abord par faire entendre une série de sons de voix qui soient tous les mêmes (*recto tono*).

Donnez donc à votre pendule une longueur de 50 centimètres (1 pied 1/2), mettez-le en mouvement et toutes les fois que le pendule arrivera en A et en B, faites entendre un son, toujours en prononçant DO comme l'indique la figure ci-contre :

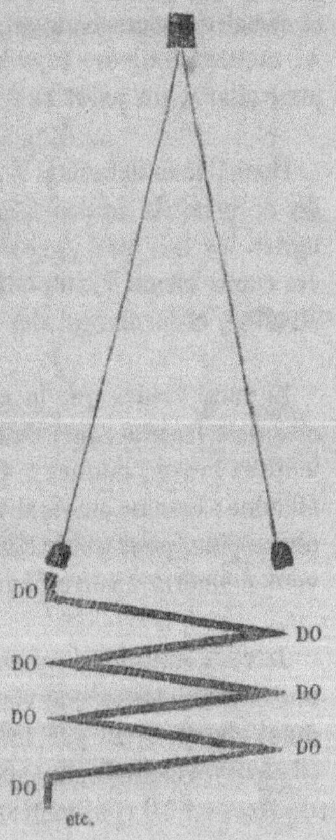

Vous répéterez souvent et souvent cet exercice, et avec toutes les diminutions successives du pendule indiquées plus haut.

Un peu plus tard vous comprendrez toute l'importance de cette étude de la *mesure*.

IV

Exercices de Tons et demi-Tons.

Je vous fais maintenant revenir, mes enfants, aux *tons* et *demi-tons*.

Vous connaissez les signes qui représentent les uns et les autres ; vous savez aussi aller en mesure.

Eh bien ! prenez votre *pendule*, donnez-lui une longueur de 70 centimètres (2 pieds), et, en suivant la mesure qu'il vous donnera, exécutez les exercices suivants, c'est-à-dire, faites entendre sur chaque petite ligne horizontale un son que vous séparerez du précédent ou par un *ton* ou par un *demi-ton*, selon que vous l'indique chaque ligne perpendiculaire ; sur chaque son prononcez toujours la syllabe DO.

N° 1

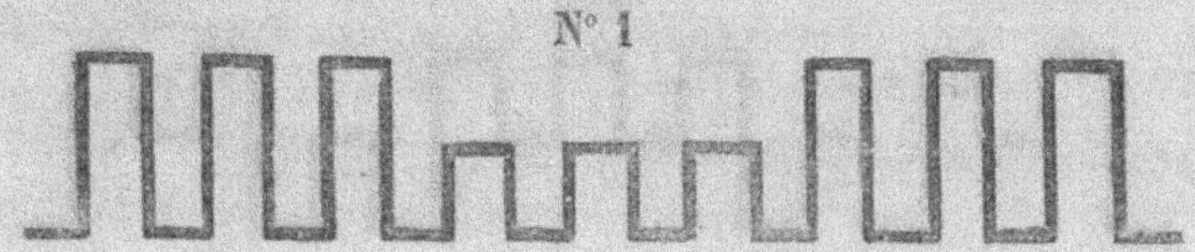

N° 2

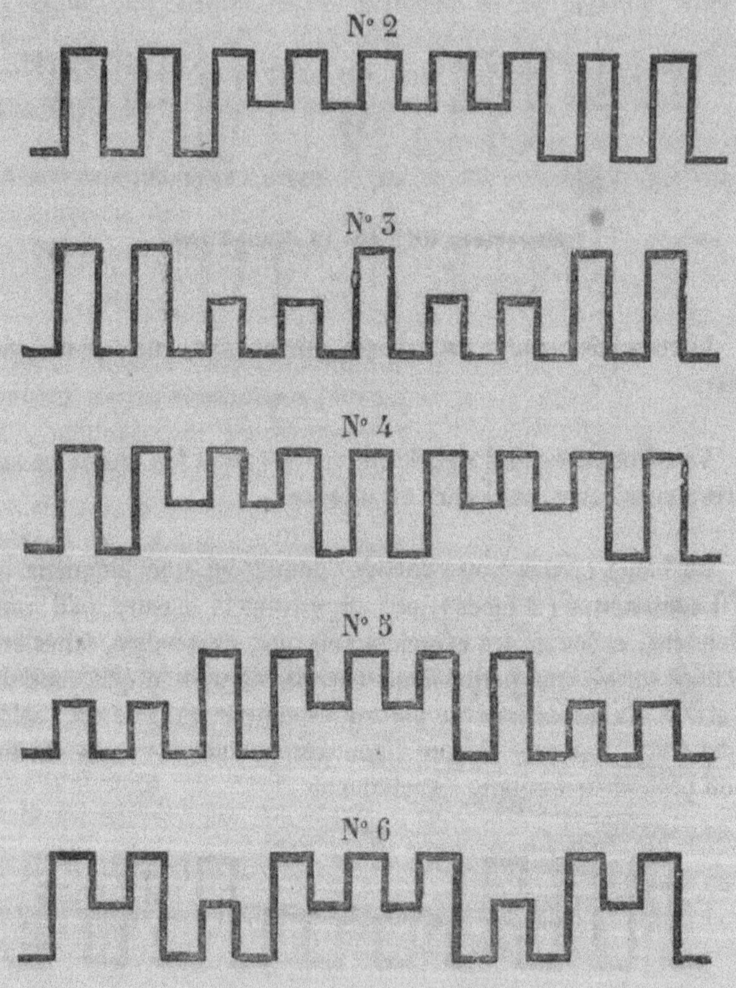

N° 3

N° 4

N° 5

N° 6

N° 7

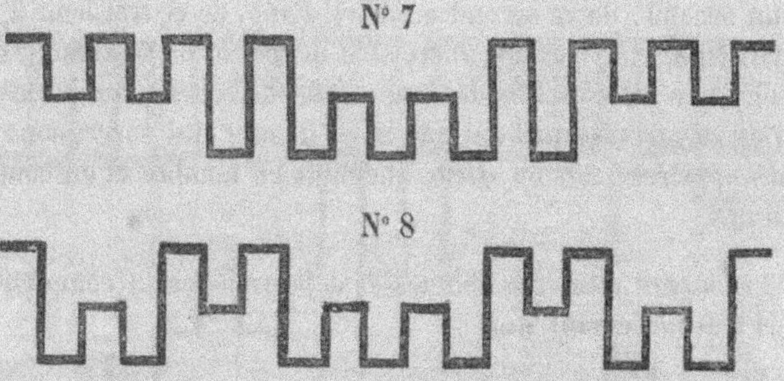

N° 8

—◦◦—

V

Tons et demi-Tons échelonnés.

Vous savez donc maintenant, mes enfants, ce que c'est qu'un *son*, ce que c'est qu'un *ton*, ce que c'est qu'un *demi-ton* et la différence qu'il y a entre ces trois choses-là.

Un son quelconque répété une ou plusieurs fois de suite, donne ce qu'on appelle : Sons *recto tono*.

Mais, un son étant donné, la voix peut monter ou descendre à un second, de ce second à un troisième, de ce troisième à un quatrième, etc., par une succession de *tons* et de *demi-tons*; c'est-à-dire que les *tons* et les *demi-tons* peuvent s'échelonner au dessus ou au dessous les uns des autres et donner des successions de sons appelées: *Airs* ou *chants*, indéfinis en nombre et en combinaisons.

Les signes que vous connaissez déjà vous feront comprendre ceci très facilement.

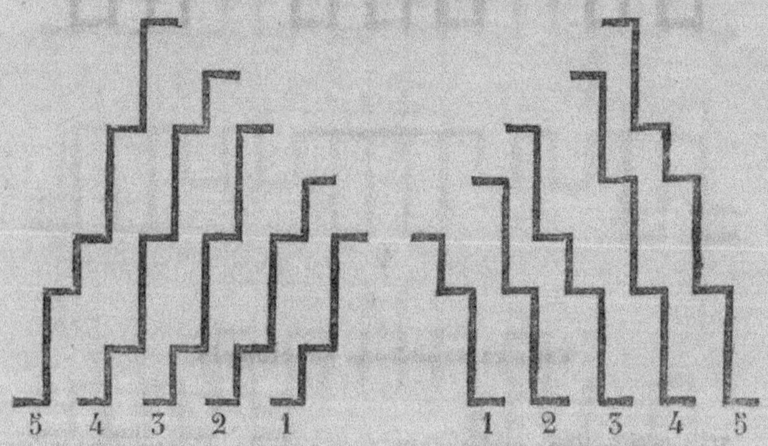

PROGRESSION ASCENDANTE.	PROGRESSION DESCENDANTE.
N° 1. Un demi-ton suivi d'un ton.	N° 1. Un demi-ton suivi d'un ton.
N° 2. Un ton entre deux demi-tons.	N° 2. Un ton suivi d'un ton.
N° 3. Un demi-ton suivi de deux tons.	N° 3. Un demi-ton entre deux tons.
N° 4. Deux tons entre deux demi-tons.	N° 4. Trois tons l'un sous l'autre.
N° 5. Un ton, un demi-ton et deux tons.	N° 5. Un ton, un demi-ton et deux tons.

Ces deux progressions peuvent être mélangées, mes enfants,
et donner les exercices suivants :

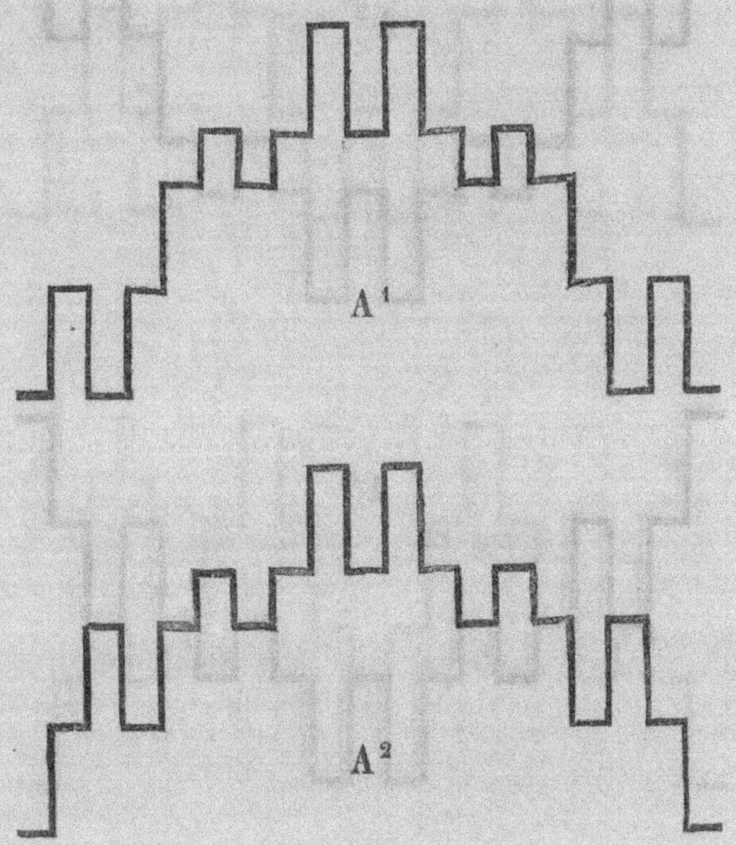

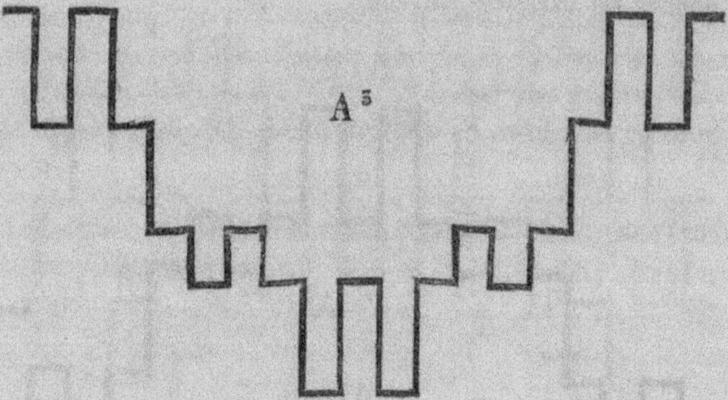

A^5

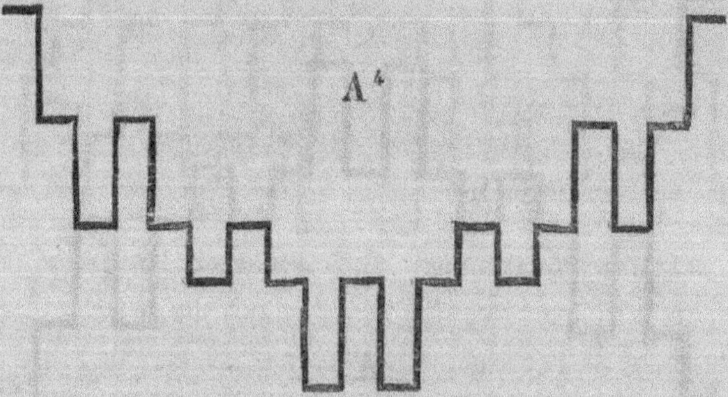

A^4

B¹

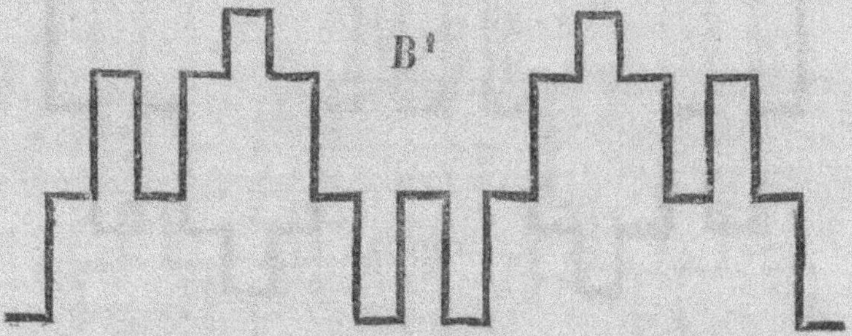

B²

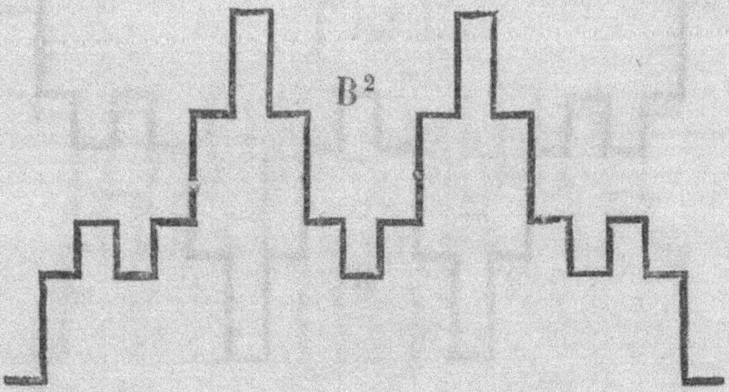

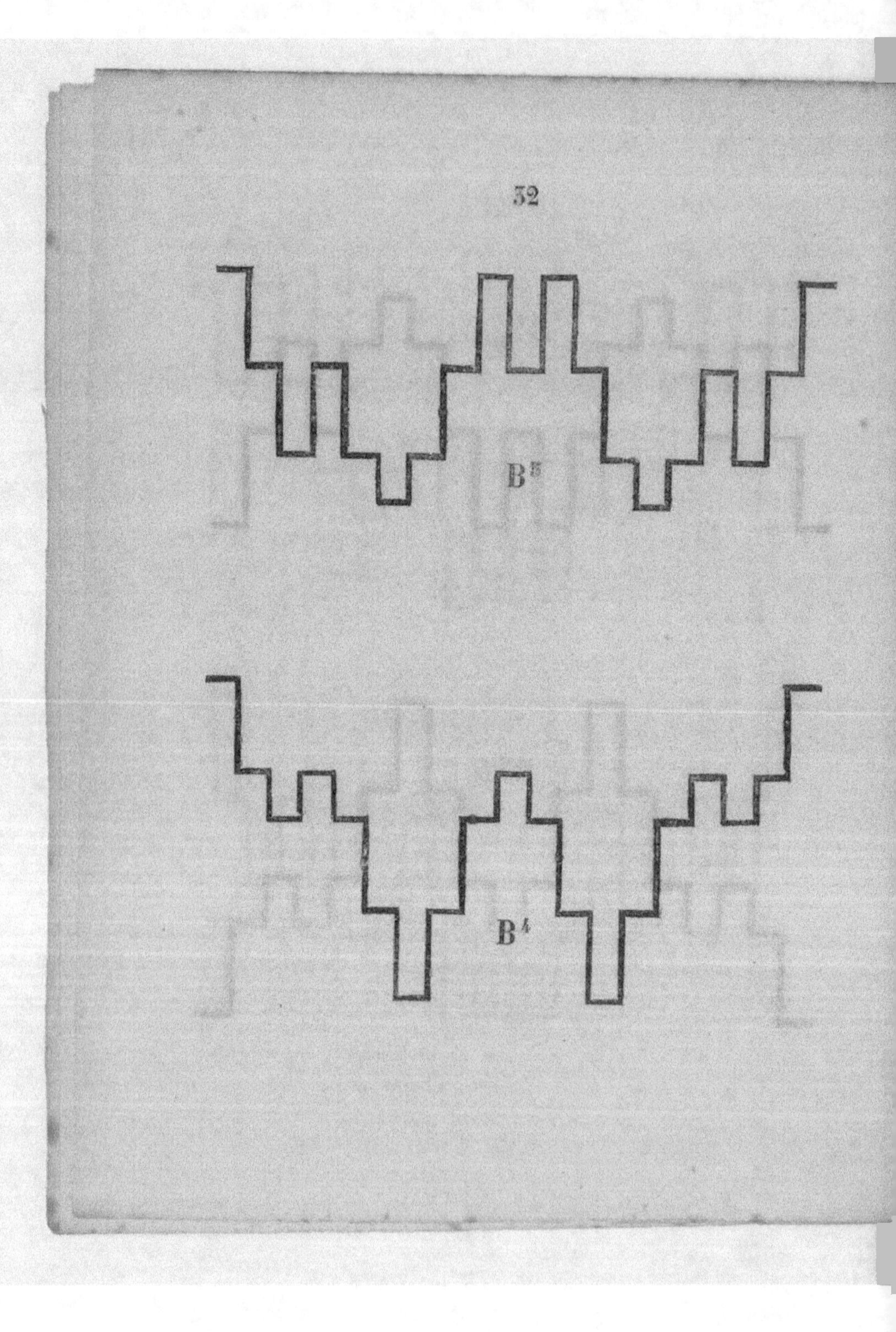
B⁵
B⁴

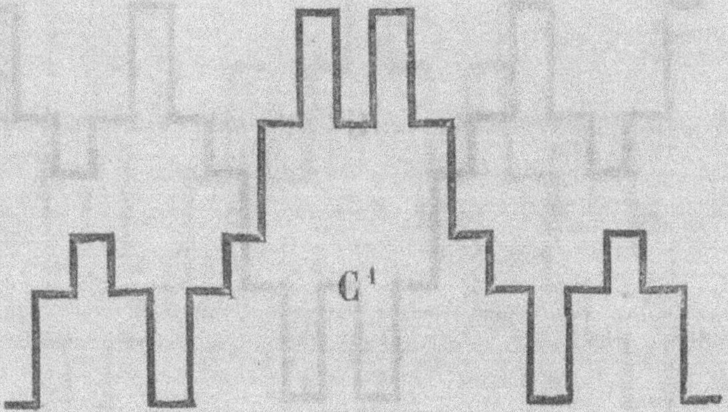

C¹

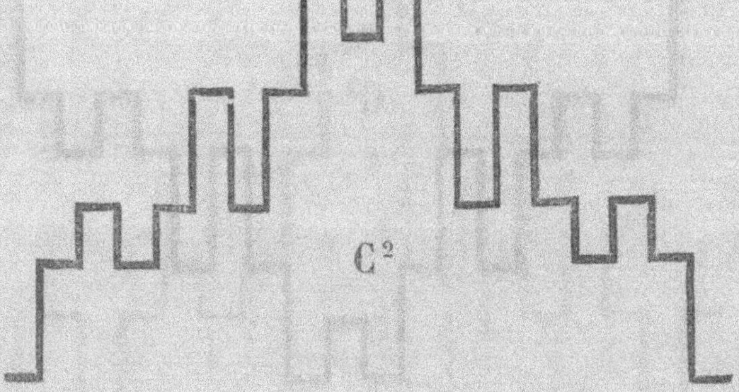

C²

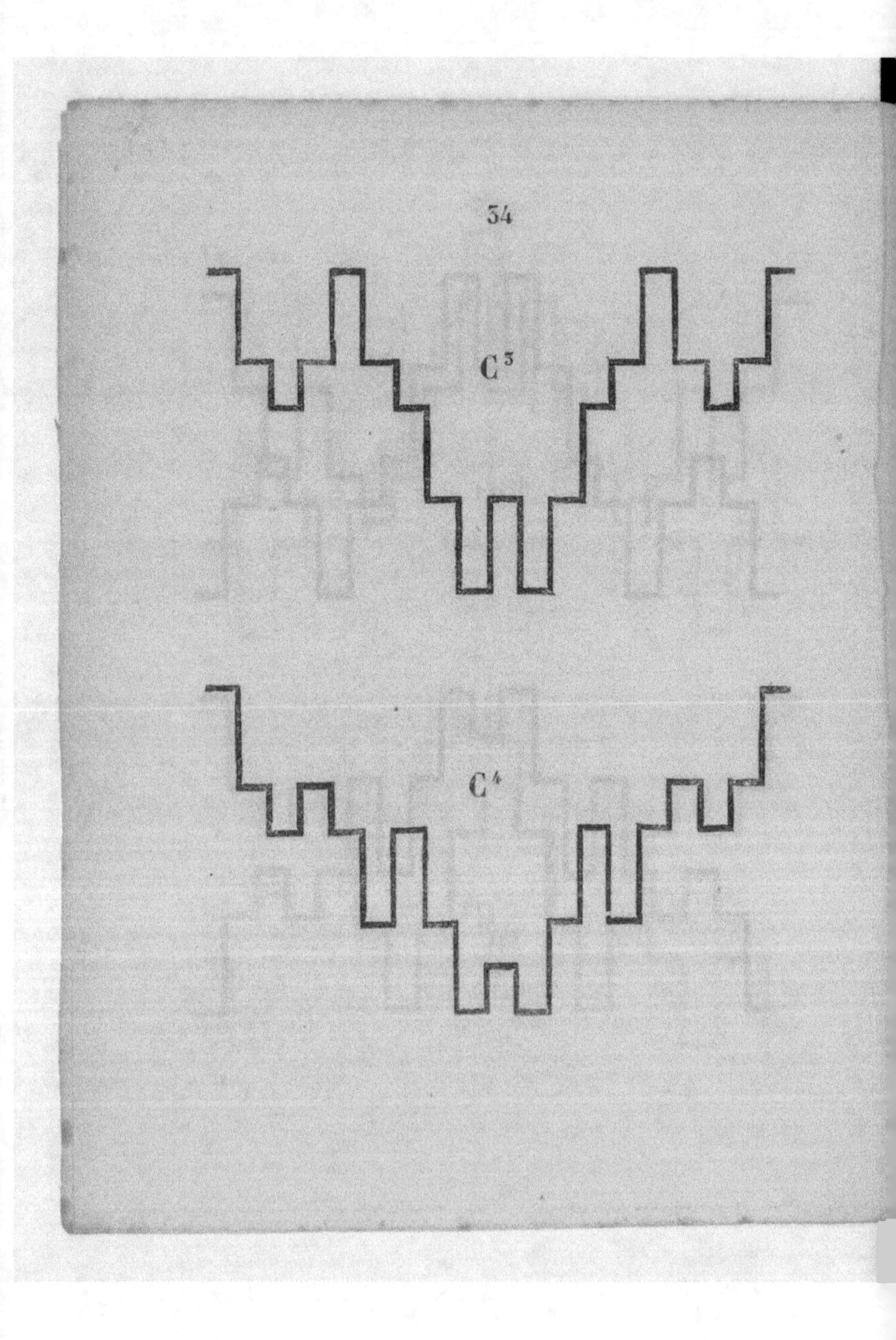

34
C³
C⁴

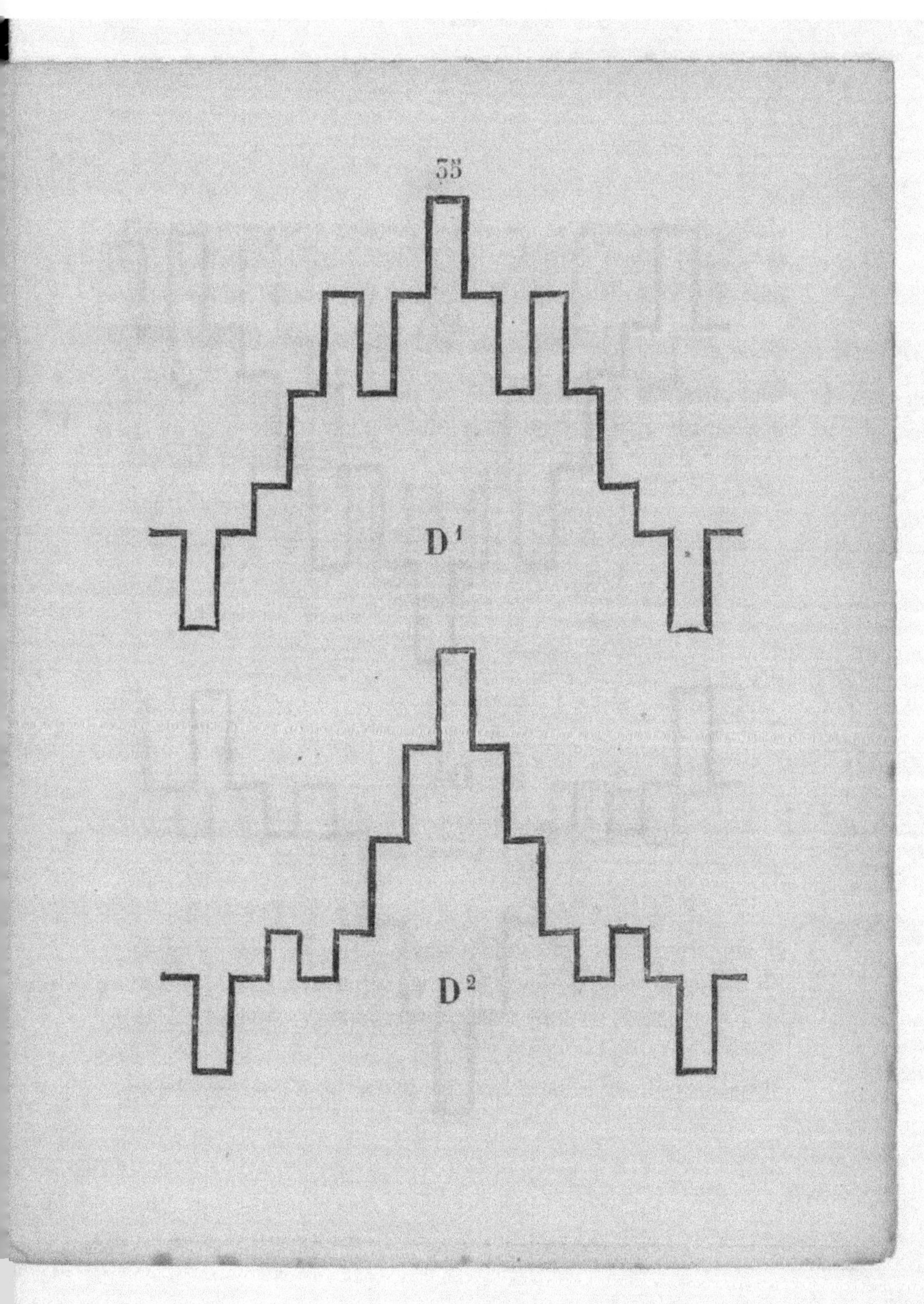
55
D¹
D²

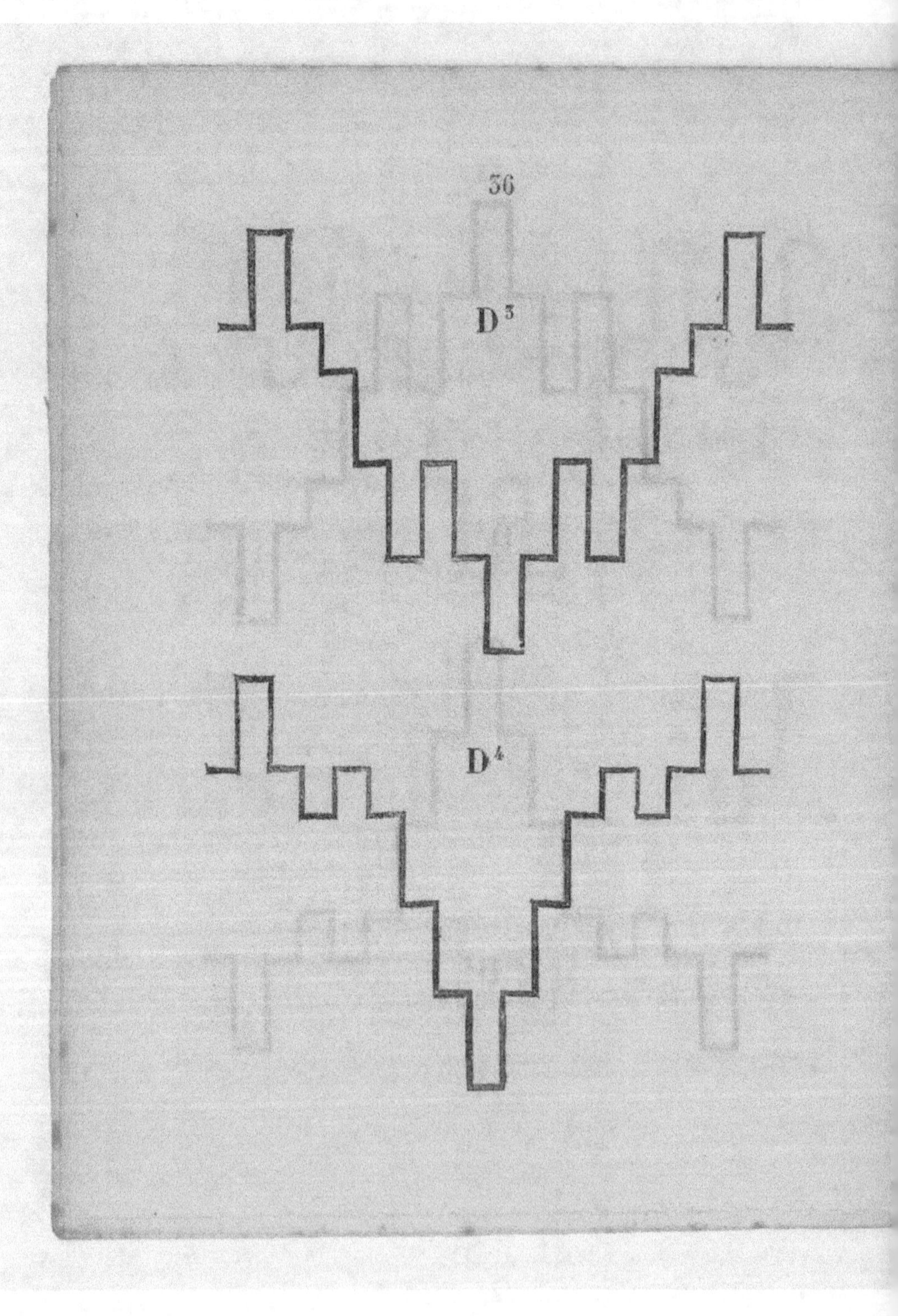

36
D 3
D 4

Ces exercices, mes enfants, pourraient se multiplier indéfiniment, toutefois ceux-ci sont bien suffisants pour obtenir le résultat voulu, c'est-à-dire habituer l'oreille et le gosier à bien saisir et réaliser les nuances du *ton* et *demi-ton*.

Mais ne craignez pas de les répéter souvent et souvent, toujours au mouvement du pendule, pour mettre entre chaque son des temps bien égaux.

———————

VI

La Gamme.

Eh bien! mes enfants, je vais maintenant vous parler de la *gamme*, et je suis assuré que, si vous possédez bien la notion du *ton* et du *demi-ton*, vous la comprendrez tout de suite.

La *gamme* est une succession de sept sons différents, s'élevant au dessus ou s'abaissant au dessous d'un son donné, et allant de l'un à l'autre par *tons* et *demi-tons*.

Quand ces sept sons s'élèvent au dessus les uns des autres, ils constituent la *gamme ascendante*.

Quand, au contraire, ils vont en s'abaissant, ils constituent la *gamme descendante*.

Voici l'ordre dans lequel les *tons* et les *demi-tons* se suivent dans les deux progressions.

PROGRESSION OU GAMME ASCENDANTE :

Un *ton*, un *ton*, un *demi-ton*, un *ton*, un *ton*, un *ton*, un *demi-ton*.

PROGRESSION OU GAMME DESCENDANTE :

Un *demi-ton*, un *ton*, un *ton*, un *ton*, un *demi-ton*, un *ton*, un *ton*.

En d'autres termes :

Deux *tons*, un *demi-ton*, trois *tons*, un *demi-ton*, pour *l'ascendante*,

Un *demi-ton*, trois *tons*, un *demi-ton*, deux *tons*, pour la *descendante*.

C'est-à-dire que dans la *gamme* il y a *cinq tons* et *deux demi-tons*.

Représentons cela, mes enfants, par les signes dont nous nous sommes servi pour étudier les *tons* et les *demi-tons*, et plaçons-les dans l'ordre indiqué ci-dessus, nous aurons les deux échelles suivantes :

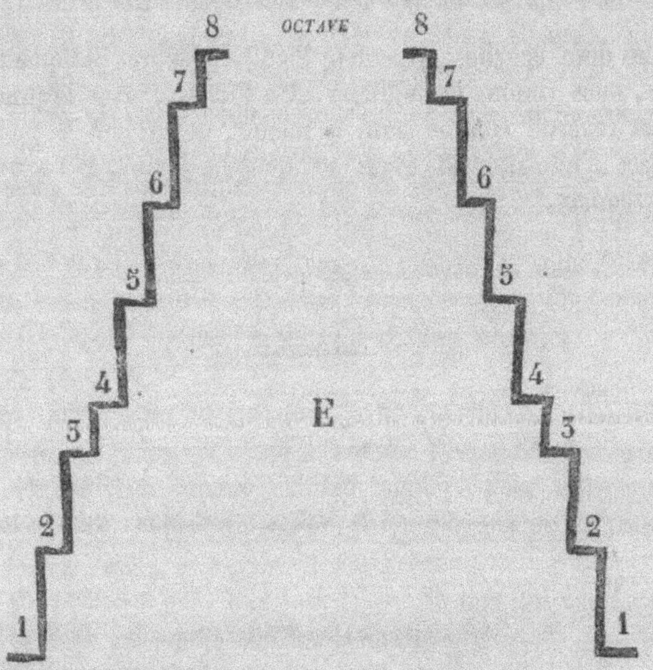

Par les exercices précédents A, B, C, D, vous avez appris à mettre les *tons* et les *demi-tons* les uns sur les autres, et au dessous les uns des autres; eh bien! vous n'avez qu'à monter ou descendre ces deux échelles, en prononçant, sur chaque degré, la syllabe DO; et si, entre chaque son, vous mettez bien les *tons* et *demi-tons* dans l'ordre indiqué par la figure, vous aurez monté et descendu la série des sept sons qu'on appelle la *gamme*.

Ces deux échelles présentent bien huit degrés indiquant huit sons, mais comme le huitième est à l'unisson avec le premier, il est regardé comme étant le même, et formant le point de départ d'une nouvelle série ou nouvelle *gamme*, à l'octave de la première.

<hr>

VII

Le matériel du Plain-Chant.

Mes enfants, pour vous faire comprendre ce que c'est que les *tons*, les *demi-tons* et la *gamme*, je me suis servi de figures ou signes conventionnels qui m'ont paru devoir rendre la chose plus sensible; je vais maintenant vous donner connaissance d'autres signes conventionnels, adoptés pour tracer sur le papier et représenter aux yeux toutes les différentes combinaisons des *tons* et *demi-tons* que l'on veut réaliser; ou en d'autres termes, pour écrire et représenter aux yeux tous les airs que l'on veut composer et faire chanter.

Un air ou un chant quelconque n'est, en effet, qu'une combinaison de *tons* et *demi-tons* mélangés et se succédant en s'élevant au dessus, ou s'abaissant au dessous les uns des autres.

Les *tons* et les *demi-tons* sont l'âme du chant; les sons de voix sont en quelque sorte le corps des *tons* et *demi-tons*, puisque c'est par eux que ces derniers nous sont rendus sensibles.

Quant aux signes en question, je les appelle : Le *matériel du plain-chant*, car je les considère ici comme l'ensemble des ustensiles, des outils et comme l'attirail employé pour utiliser et, pour ainsi dire, exploiter les *tons* et les *demi-tons* de la *gamme*.

Ne vous effrayez pas, mes enfants, les parties qui composent cet attirail ne sont pas très nombreuses, et surtout pas bien difficiles à être comprises.

Ce sont les *notes*, les *portées*, les *clefs*, le *dièze*, le *bémol* et le *bécarre*.

Les *notes* sont de petits carrés noirs :

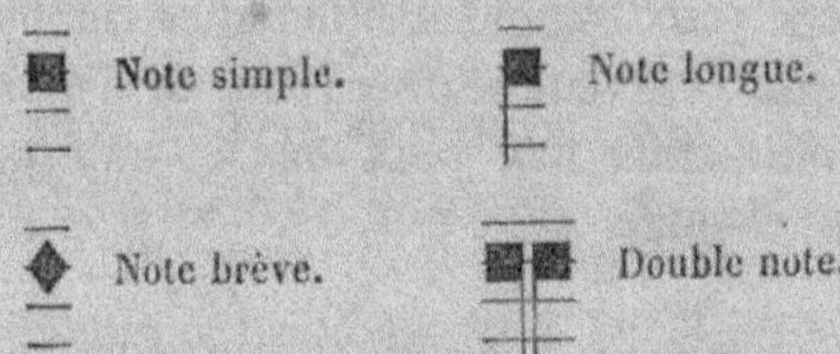

Note simple. Note longue.

Note brève. Double note.

Les *portées* sont quatre lignes horizontales et parallèles formant une échelle :

Les *clefs* sont deux signes ayant la forme des dents d'une clef ordinaire :

Le *diéze* est une figure composée de quatre petites barres entrelacées et formant une espéce d'étoile :

Le *bémol* est un signe ayant presque la forme d'un в minuscule :

Le *bécarre*, au contraire, a la forme ci-dessous :

Tout ceci est bien peu de chose, n'est-ce pas? et cependant c'est avec cela seulement que sont écrits, sur des livres, tous les airs qui se chantent dans l'église, aux offices de la messe et des vêpres.

Toutefois, mes enfants, j'ajoute dans cette méthode un signe nouveau que j'appelle : *Silence*.

Un peu plus loin, je vous en ferai comprendre la valeur et l'emploi.

Vous ne le trouverez pas dans les livres de chants, mais uniquement dans les cantiques, romances ou autres morceaux d'harmonie que je vous destine.

VIII

Les Portées, les Notes, les Clefs.

Je vous ai dit, mes enfants, que les *portées* sont quatre lignes horizontales et parallèles; c'est là la règle générale, il n'y en a que quatre. Mais comme il arrive quelquefois que l'air que l'on veut faire chanter a des sons de voix plus hauts ou plus bas que l'ordinaire, on ajoute alors d'autres lignes appelées *supplémentaires :*

Ces lignes supplémentaires ne vont pas dans toute la longueur des *portées*, mais seulement au point où leur présence est nécessaire.

Ces quatre lignes, formant une échelle, donnent quatre échelons et trois interlignes :

C'est sur cette échelle que se placent les petits carrés noirs appelés : *Notes* :

Ces *notes*, placées à tel ou tel point sur les *portées*, représentent, par convention, tel ou tel des sept sons de la *gamme*, vous le verrez un peu plus bas.

Pour aider à la mémoire dans l'étude du chant, ces *notes* ont reçu chacune un nom particulier qui, par lui-même, indique à quel degré de la *gamme* la *note* appartient.

Ces sept noms, placés dans l'ordre de la *gamme ascendante*, sont :

UT. RÉ. MI. FA. SOL. LA. CI. *ut* octave d'en haut.

Et dans l'ordre de la *gamme descendante* :

UT. CI. LA. SOL. FA. MI. RÉ. *ut* octave d'en bas.

On écrit ordinairement SI et non pas CI ; j'ai cru devoir remplacer l's par un c pour éviter, dans les lettres blanches, la répétition de la première de ces deux consonnes qui se trouve dans SOL et SI.

La *note*, placée au degré nº 1, s'appelle UT ; placée au degré n° 2, elle s'appelle RÉ ; au degré n° 3, MI ; au degré n° 4, FA ; au degré n° 5, SOL ; au degré n° 6, LA ; au degré n° 7, CI ; et au degré n° 8, l'*ut* octave.

Ceci, représenté avec les premiers signes, donne les échelles de comparaison, *figure* F.

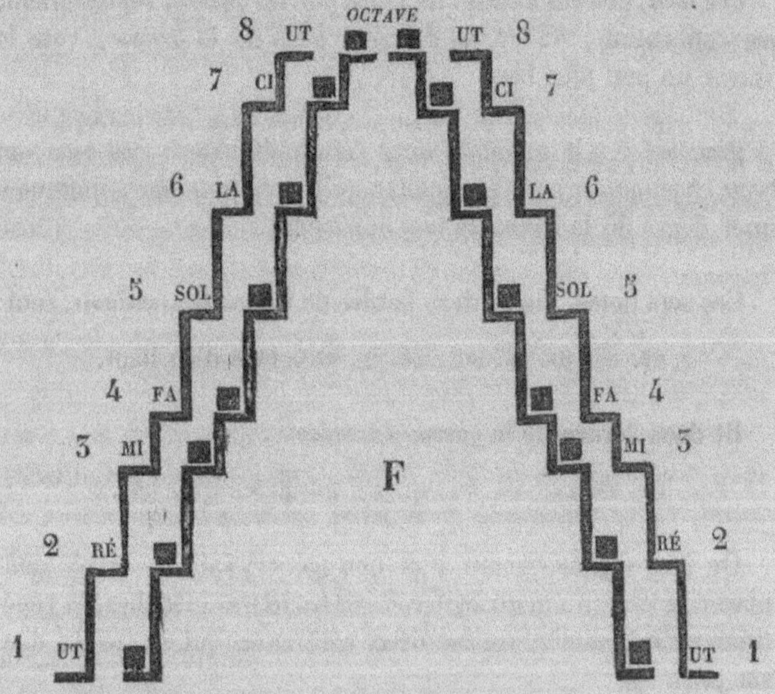

Regardez bien ces échelles, mes enfants, et tâchez de bien

mettre dans vos yeux quelles sont les notes entre lesquelles il n'y a qu'un *demi-ton*. Vous voyez que c'est entre MI et FA, CI et *ut*, *gamme ascendante;* entre UT et CI, FA et MI, *gamme descendante :* ne l'oubliez pas.

J'ai toujours remarqué que c'est pour ne pas bien placer le *demi-ton* là où il doit être, que beaucoup de chantres se fourvoient et se trompent.

Les *clefs* se placent sur les *portées*, toujours à l'extrémité qui est à gauche :

Quelquefois aussi on les répète dans le corps même des *portées*, mais seulement lorsque la *clef* se trouve devoir être changée avant le commencement de la *portée* suivante :

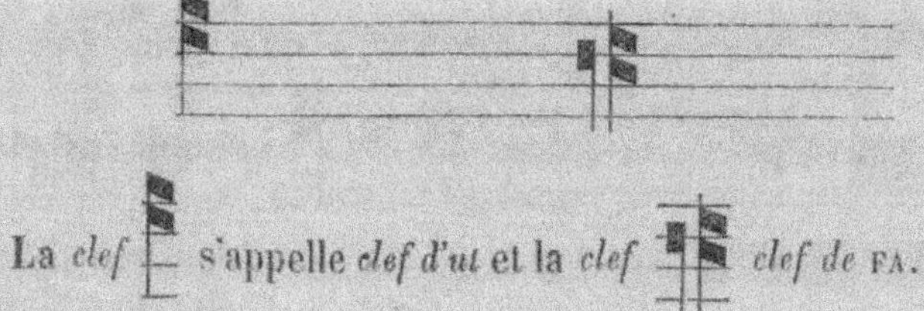

La *clef* s'appelle *clef d'ut* et la *clef* clef de FA.

Celle-ci est fixe, c'est-à-dire toujours placée sur la 3ᵐᵉ ligne ; l'autre, au contraire, est mobile, et peut occuper jusqu'à quatre positions différentes :

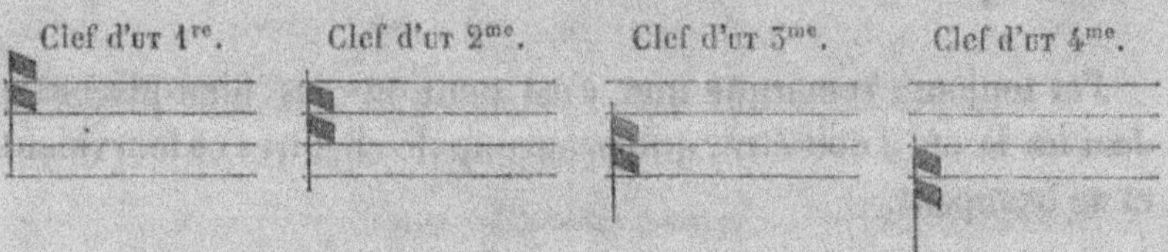

Les deux premières de ces quatre positions sont très usitées, la troisième peu, la quatrième presque pas. Nous ne nous occuperons donc pas de ces deux dernières ; ceux qui les rencontreront dans leurs livres de chant, exécuteront la chef d'UT 3ᵐᵉ comme clef d'UT 1ʳᵉ, et la clef d'UT 4ᵐᵉ comme clef d'UT 2ᵐᵉ, ayant soin seulement, dans l'un et l'autre cas, de faire le CI *bémol*, et l'air sera identiquement le même.

Un peu plus bas vous verrez ce que c'est que *faire le* CI *bémol*.

Et à quoi servent-elles les *clefs ?*

Mes enfants, elles servent à montrer à quel point sur les *portées* se trouve placée la *gamme*. La *clef* indique l'UT et la *clef* indique le FA.

La *note* indiquée se trouve sur la ligne qui sort d'entre les deux dents de la *clef*.

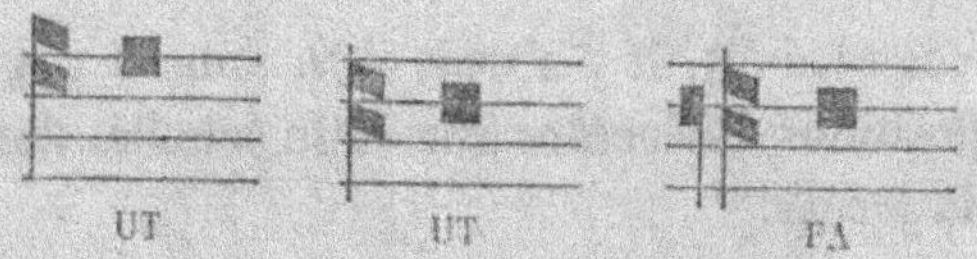

Il est évident que, une *note* étant indiquée, la position de toute la *gamme* se trouve indiquée aussi, le nom de chaque petit carré noir déterminé, et la valeur de leur distance fixée. D'où vous devez conclure, mes enfants, combien il sera important de faire attention à la *clef* des portées, lorsque vous chanterez un morceau de plain-chant.

IX

La Gamme sur les Portées.

Changeons de terrain, mes enfants, et transportons les sept notes de la *gamme* sur l'échelle où vous devez les retrouver dans les livres de l'Église, c'est-à-dire sur les *portées*, et là, étudions quelle est leur position réciproque.

Déjà je vous l'ai dit, il y a trois *clefs*, donc il y a pour chaque note trois positions différentes sur cette échelle, donc trois positions pour la *gamme*.

Ces trois positions sont représentées, dans le tableau ci-contre, unies à l'échelle primitive que je vous ai expliquée, afin de vous faire comprendre leurs rapports mutuels.

Vous voyez que les trois *notes*, correspondant à chaque numéro placé au bas, sont dans trois positions différentes, et que cependant elles ont le même nom.

Vous remarquerez aussi, mes enfants, que, sur l'échelle formée par les quatre lignes des *portées*, la différence de distance qu'il y a entre certaines *notes* n'est pas représentée aux yeux comme dans la figure F *(page 46)*, où-les deux *notes* qui n'ont qu'un *demi-ton* de distance se trouvent plus rapprochées l'une de l'autre.

Mais, le nom particulier que chaque *note* a reçu, en indiquant à quel degré de la *gamme* la *note* appartient, détermine leur position relative, et, par là, fixe la valeur de leur distance ; donc, mes enfants, rappelez-vous bien ceci : *Entre les* notes *portant le* nom MI *et* FA, CI *et* UT, *il n'y a qu'un* demi-ton ; *entre toutes les autres il y a un* ton.

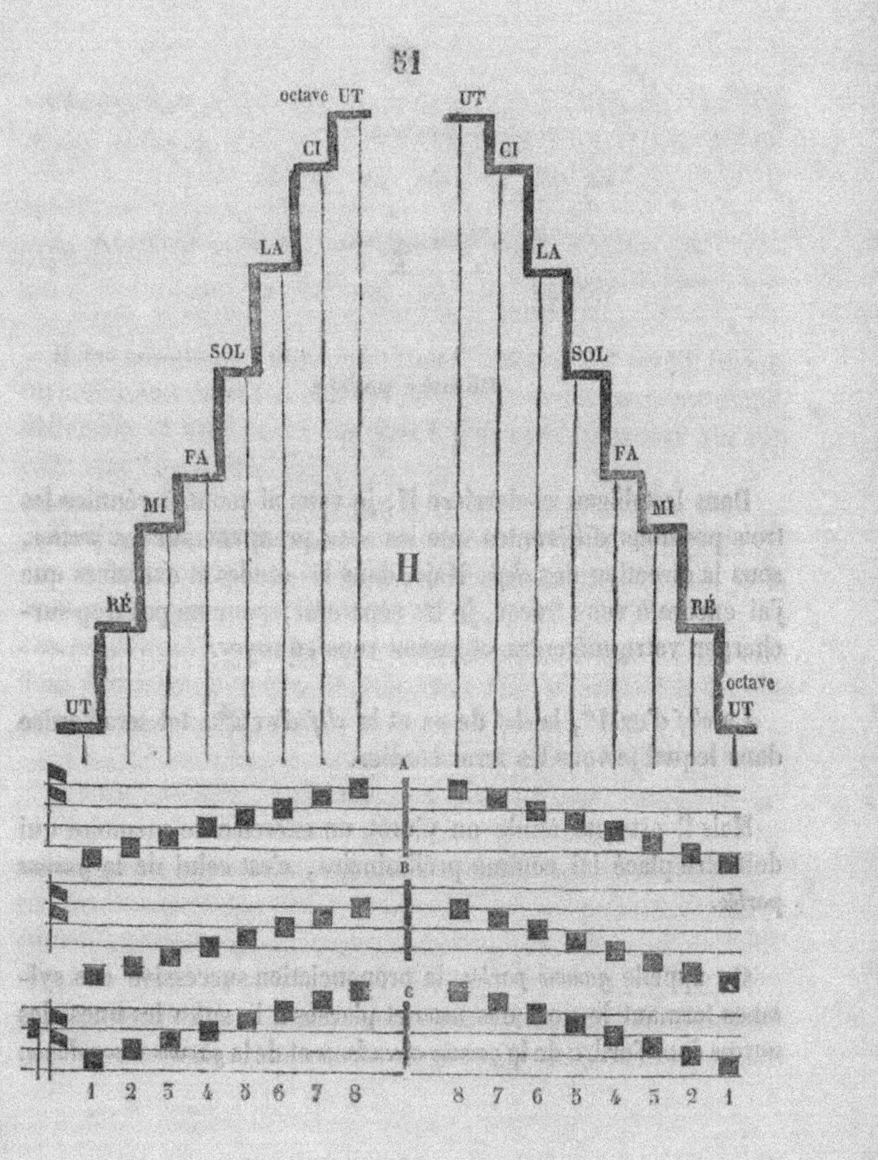

octave UT
UT
CI
CI
LA
LA
SOL
SOL
FA
FA
MI
MI
RÉ
RÉ
UT
octave
UT
H
A
B
C
1 2 3 4 5 6 7 8
8 7 6 5 4 3 2 1

X

Gamme parlée.

Dans le tableau ci-derrière H, je vous ai montré réunies les trois positions différentes que les *notes* prennent sur les *portées*, sous la direction des *clefs*. Mais, dans les études et exercices que j'ai encore à vous tracer, je les séparerai, pour ne pas trop surcharger votre mémoire et moins vous ennuyer.

La *clef* d'UT 1re, la *clef* de FA et la *clef* d'UT 2me, tel sera l'ordre dans lequel je vous les ferai étudier.

Mais il est une étude ou plutôt un exercice de mémoire qui doit être placé ici comme préliminaire, c'est celui de la *gamme parlée*.

On appelle *gamme parlée*, la prononciation successive des syllabes formant le nom des *notes* et placées à la suite les unes des autres dans l'ordre de la *gamme ascendante* et de la *gamme descendante*.

Ascendante :

UT   RÉ   MI   FA   SOL   LA   CI   UT

Descendante :

UT   CI   LA   SOL   FA   MI   RÉ   UT

Il est absolument nécessaire, mes enfants, de savoir imperturbablement ces deux successions, pour savoir toujours immédiatement et sans hésitation quel est le nom de la *note* qui suit celle que l'on quitte.

Il n'y a que la prononciation répétée et souvent répétée de ces syllabes qui puisse vous donner cette facilité, et tant je la crois nécessaire, que volontiers je place ici quelques unes de ces répétitions, espérant que vous les lirez et que par là vous vous formerez à ce que je crois vous être si utile. Lisez donc et puis relisez souvent :

UT, *rémifasollaciut, rémifasollaciut, rémifasollaciut, rémifasollaciut, rémifasollaciut, rémifasollaciut, rémifasollaciut, rémifasollaciut, rémifasollaciut, rémifasollaciut, rémifasollaciut, rémifasollaciut, rémifasollaciut, rémifasollaciut, rémifasollaciut, rémifasollaciut, rémifasollaciut, rémifasollaciut, etc., etc., etc.*

UT, *cilasolfamiréut, cilasolfamiréut, cilasolfamiréut, cilasolfamiréut, cilasolfamiréut, cilasolfamiréut cilasolfamiréut, cilasolfamiréut, cilasol-*

famiréut, cilasolfamiréut, cilasolfamiréut, cilasolfamiréut, cilasolfamiréut, cilasolfamiréut, cilasolfamiréut, cilasolfamiréut, cilasolfamiréut, cilasolfamiréut, cilasolfamiréut, etc., etc., etc.

UT, *rémifasollaciut, cilasolfamiréut, rémifasollaciut, cilasolfamiréut, rémifasollaciut, cilasolfamiréut, rémifasollaciut, cilasolfamiréut, rémifasollaciut, cilasolfamiréut, rémifasollaciut, cilasolfamiréut, rémifasollaciut, cilasolfamiréut, rémifasollaciut, cilasolfamiréut, rémifasollaciut, cilasolfamiréut, rémifasollaciut, cilasolfamiréut, etc., etc., etc.*

Il est encore, mes enfants, deux autres successions de syllabes, prises parmi celles-ci, qu'il est très utile de bien savoir, ce sont :

Ascendante :	*Ascendante :*
UT MI SOL UT	RÉ FA LA UT
Descendante :	*Descendante :*
UT SOL MI UT	UT LA FA RÉ

Comme ci-dessus, lisez donc et puis relisez souvent :

UT*misolutsolmiutmisolut, utmisolutsolmiutmisolut, utmisolutsolmiutmisolut, utmisolutsolmiutmisolut, utmisolutsolmiutmisolut, utmisolutsolmiutmisolut, utmisolutsolmiutmisolut, utmisolutsolmiutmisolut, utmisolutsolmiutmisolut, etc., etc., etc.*

*Réfalautlafaréfalaut, réfalautlafaréfalaut, réfalautlafaréfalaut, réfa-
lautlafaréfalaut, réfalautlafaréfalaut, réfalautlafaréfalaut, réfalautlafa-
réfalaut, réfalautlafaréfalaut, réfalautlafaréfalaut, réfalautlafaréfalaut,
réfalautlafaréfalaut, réfalautlafaréfalaut, etc., etc., etc.*

XI

Clef d'UT en première ligne.

Maintenant que vous savez bien le nom des *notes*, et leur
deux successions dans l'ordre de la *gamme ascendante* et *descendante*, il faut, mes enfants, avant tout autre exercice, bien vous
mettre dans les yeux la place que chaque *note* occupe sur les
portées, et arriver à tellement les reconnaître à la simple vue,
que vous puissiez lire, sur les petits carrés noirs, le nom de
chaque *note* aussi vite que si le nom des *notes* était écrit.

Pour vous aider dans ce petit exercice de mémoire des

yeux, je place ici quelques *notes*, semées sans ordre sur les *portées*.

Elles ne doivent pas être chantées, mais étudiées seulement sous le rapport de leur nom indiqué par leur place.

Vous étudierez cette position des *notes* dabord par les *notes* à petites lettres blanches sur la première *portée* ; vous étudierez ensuite les *notes* de la seconde, sans regarder la première, du moins c'est là où il faut arriver, à n'avoir pas besoin de la regarder. Cette transition de la *note* à petite lettre blanche à la *note* pure et simple, m'a paru devoir rendre cette étude plus facile.

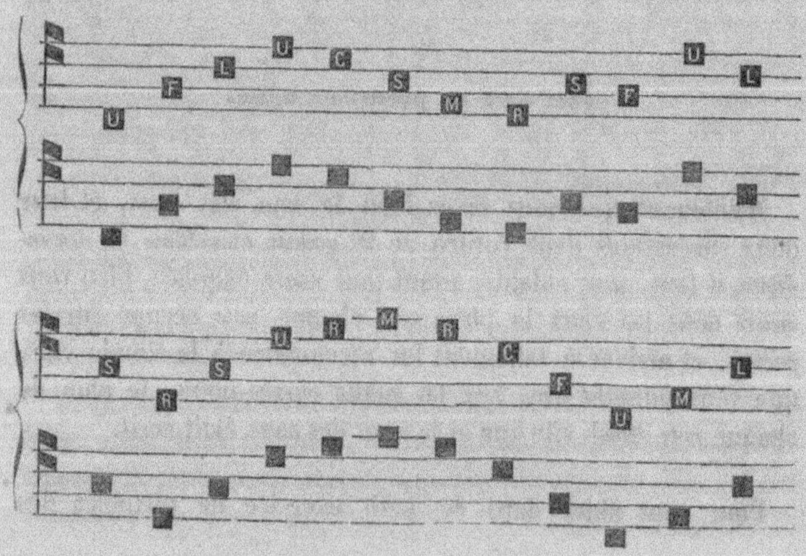

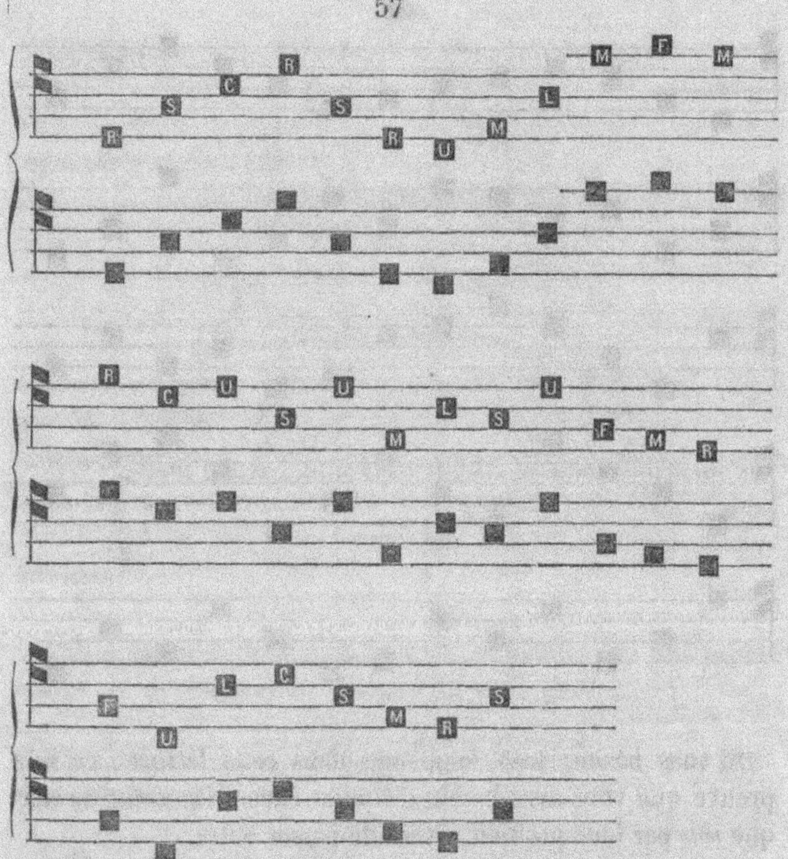

Et puis, pour vous assurer que réellement vous savez bien ce qu'on appelle : *Lire la note*, vous essayerez de faire la lecture des *notes* ci-dessous :

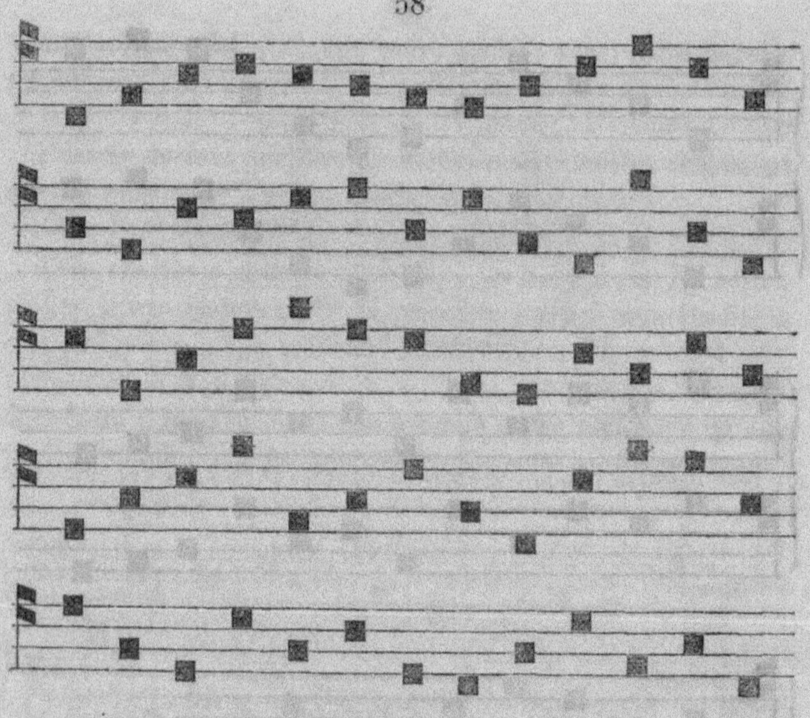

Si vous hésitez trop longtemps dans cette lecture, ce sera
preuve que vous avez besoin d'étudier encore les noms de chaque *note* par leur position, avant de passer outre.

Si, au contraire, vous allez à peu près, lors même que vous
éprouveriez quelque petit embarras, passer aux exercices suivants qui achèveront de vous former sur ce point.

XII

Gamme chantée.

Mes enfants, par la figure E *(page* 39*)*, je vous ai dépeint aux yeux la constitution matérielle de la *gamme*, c'est-à-dire l'ordre dans lequel les sept *sons* se succèdent par intervalles de *tons* et *demi-tons*.

Par la figure F *(page* 46*)*, je vous ai montré ces *sons* représentés par des *notes* ayant chacune un nom particulier;

Par la figure H *(page* 51*)*, je vous ai indiqué les trois différentes positions de ces sept *notes* sur les *portées;*

Il faut maintenant *chanter* cette *gamme*.

Chanter la *gamme*, c'est faire entendre successivement les sept *sons* en donnant à chaque *note* son vrai nom; la figure K vous aidera dans cet exerci

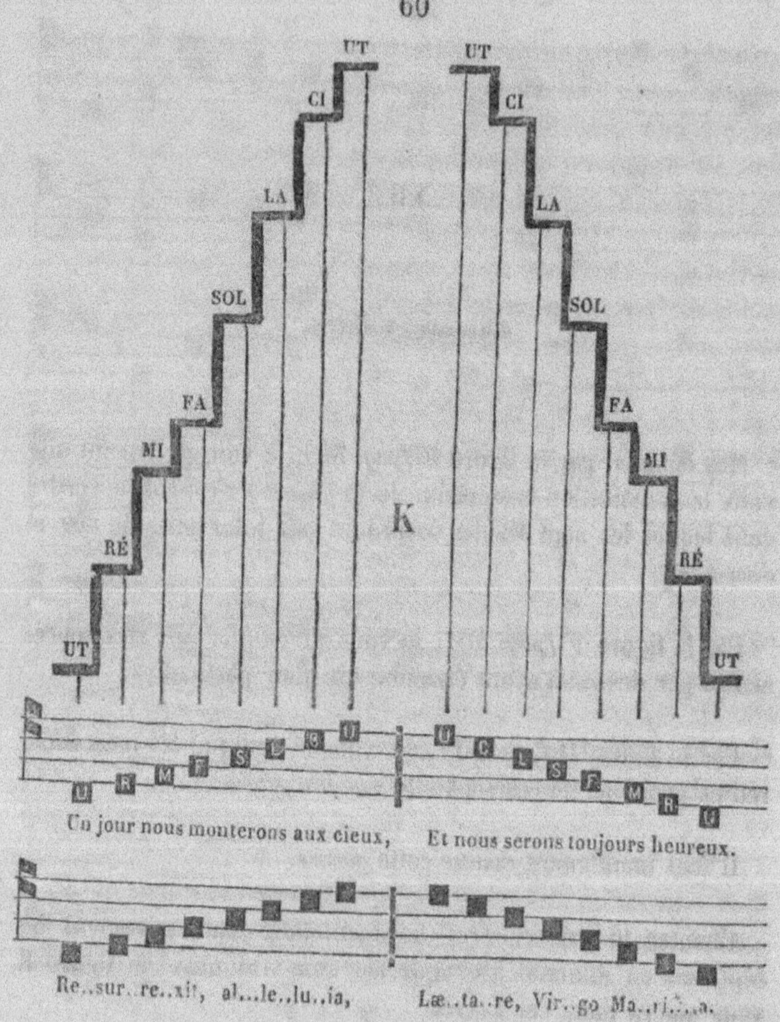

UT
CI
LA
SOL
FA
MI
RÉ
UT
K
Un jour nous monterons aux cieux, Et nous serons toujours heureux.
Re..sur..re..xit, al...le..lu..ia, Læ..ta..re, Vir..go Ma..ri...a.

Quoique vous sachiez déjà le nom des *notes*, leur position sur les *portées* et l'ordre des *tons* et des *demi-tons*, j'ai voulu cependant répéter et le nom de chaque *note* et les petites lettres blanches et l'échelle de comparaison, pour que, ayant moins de frais de mémoire à faire, vous puissiez mieux donner toute votre attention au seul point principal en ce moment, le *chant de la gamme*.

Prenez donc votre petit pendule *(car il ne faut plus rien chanter sans lui, jusqu'à ce que vous sachiez bien aller en mesure)*, donnez-lui un mouvement un peu lent, 430 centimètres de longueur, par exemple, et chantez cette *gamme* en suivant les mouvements comme l'indique la figure ci-contre :

Chantez d'abord avec les noms qui sont sur l'échelle de comparaison, et répétez plusieurs fois de suite; chantez en second lieu le

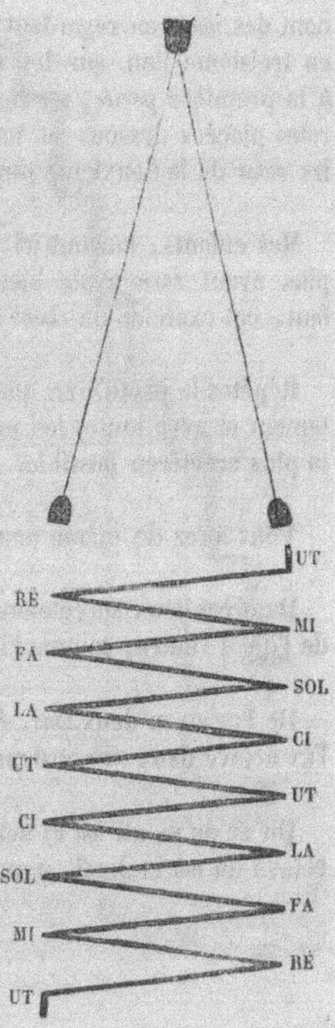

nom des *notes* en regardant les *notes* à lettres blanches; chantez en troisième lieu sur les *notes* de la troisième *portée*; revenez à la première *portée*, au lieu du nom des *notes*, dites les paroles placées dessous et terminez par les paroles écrites sous les *notes* de la deuxième *portée*.

Mes enfants, surtout ici je vous le recommande, n'allez pas plus avant sans avoir bien répété et répété, cent fois s'il le faut, cet exercice du *chant de la gamme*.

Répétez-le jusqu'à ce que vous sachiez l'exécuter très parfaitement et avec toutes les mesures, depuis la plus lente jusqu'à la plus accélérée possible.

Vous ferez de même pour les deux successions suivantes.

Dans ces deux successions, la distance des sons est plus grande de l'un à l'autre, comme l'indiquent les deux figures M et N.

De l'UT au MI deux *tons*, du MI au SOL un *ton* et demi, du SOL à l'UT octave deux *tons* et demi, pour la première.

Du RÉ au FA un *ton* et demi, du FA au LA deux *tons*, du LA à l'UT octave un *ton* et demi, pour la seconde.

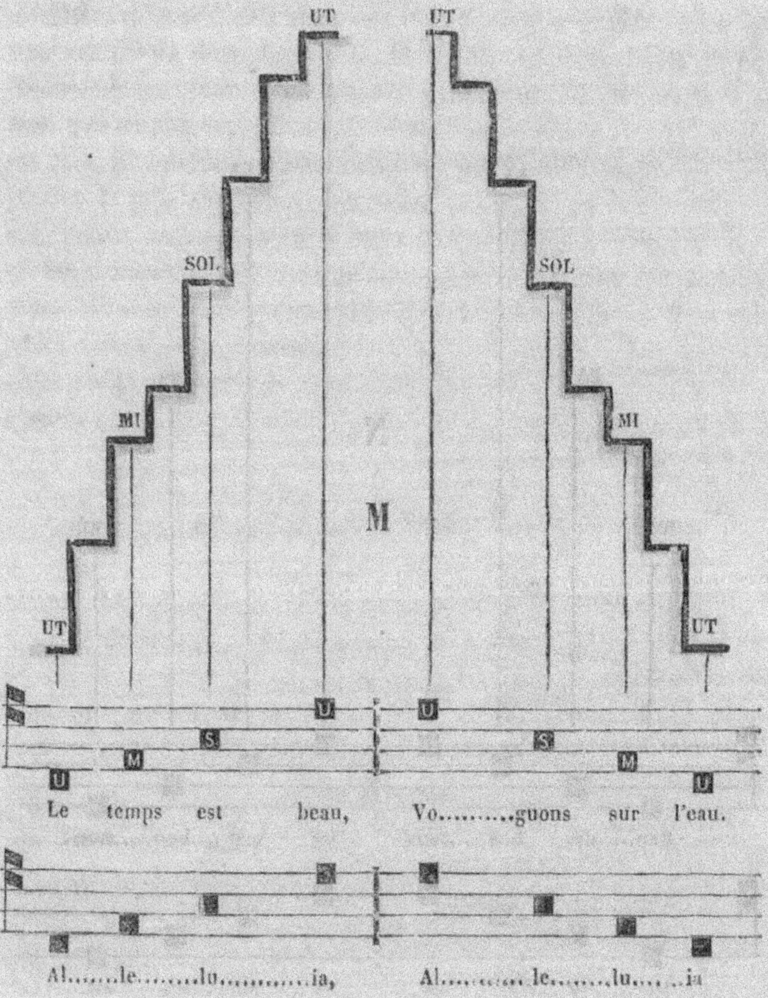

UT
UT
SOL
SOL
MI
MI
M
UT
UT
U
U
S
S
M
M
U
U
Le temps est beau, Vo..........guons sur l'eau.
Al.......le.......lu...........ia, Al.........le.......lu......ia

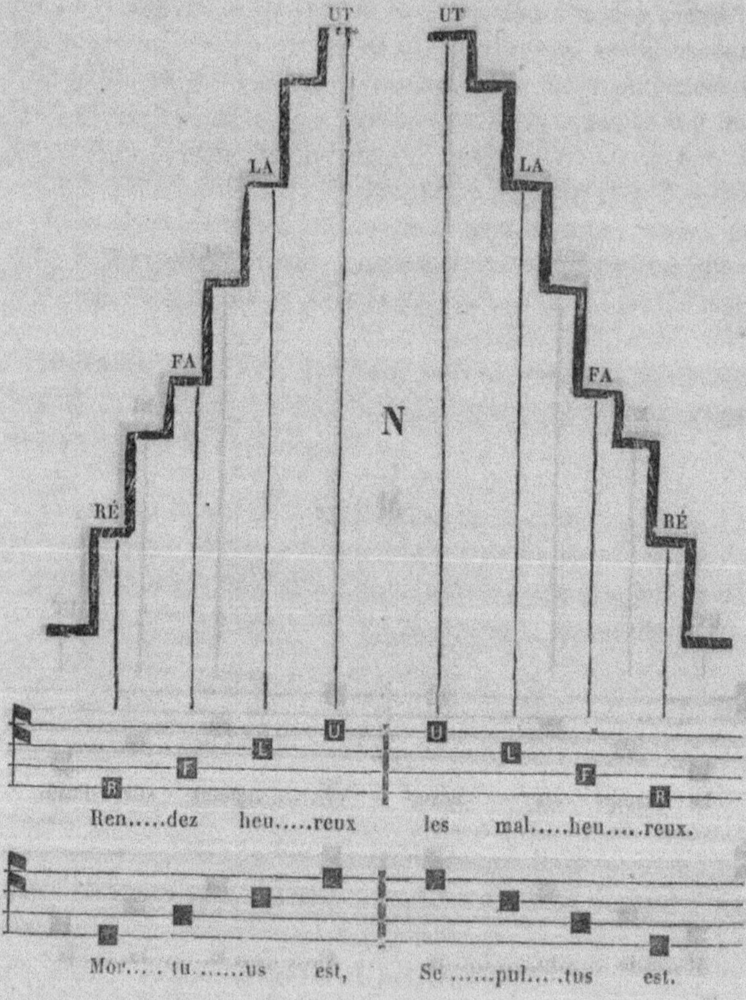

UT
UT
LA
LA
FA
FA
RÉ
RÉ
N
Ren.....dez   heu.....reux   les   mal.....heu.....reux.
Mor..... tu.......us   est,   Se......pul....tus   est.

Exercez-vous bien, mes enfants, à monter et descendre ces trois séries de sons, figures K, M, N. Cet exercice-là est un peu monotone par lui-même, mais sa grande utilité compense bien son peu d'agrément. D'abord il vous familiarisera avec la *gamme*, et puis il achèvera de rendre bien pure, bien sonore et bien douce la jolie voix que vous avez.

Oui, mes enfants, monter et descendre souvent ces progressions de sons de la *gamme* est le grand secret pour se faire une jolie voix et bien chanter.

XIII

Du Silence.

C'est le moment, mes enfants, de vous parler un peu du signe appelé : *Silence*, puisque je dois l'employer dans les petits airs que je vais vous tracer tout-à-l'heure comme exercices de chant.

Ces petits airs ne pouvant guère être, même un tant soit peu, compliqués, puisqu'ils ne sont que des études préliminaires, je n'aurai nul besoin du signe appelé : *Demi-Silence*. Vous ne le retrouverez que dans un autre petit *Essai* que j'ai déjà conçu tout exprès pour vous, et façonné en prévision de votre future science acquise dans le *savoir chanter*.

Le signe appelé : *Silence*, vous le connaissez ; sa valeur, pour la mesure, est celle d'une *note* ordinaire ; l'une est chantée, l'autre est muette, voilà leur différence.

Je suppose, par exemple, que vous ayez à chanter, *recto tono*, les syllabes de la phrase suivante :

Aimons tous le Sauveur.

Ces paroles, mes enfants, peuvent être chantées de deux manières différentes, relativement au *silence*.

Elles peuvent ou bien aller directement de l'une à l'autre, c'est-à-dire n'avoir aucune différence d'intervalle de temps entre les *sons* affectés à chacune d'elles, ou bien avoir un ou plusieurs repos selon que le comportera l'air sous lequel on veut les faire chanter ; la figure **a** et **b** *(page 67)* vous montre cette différence.

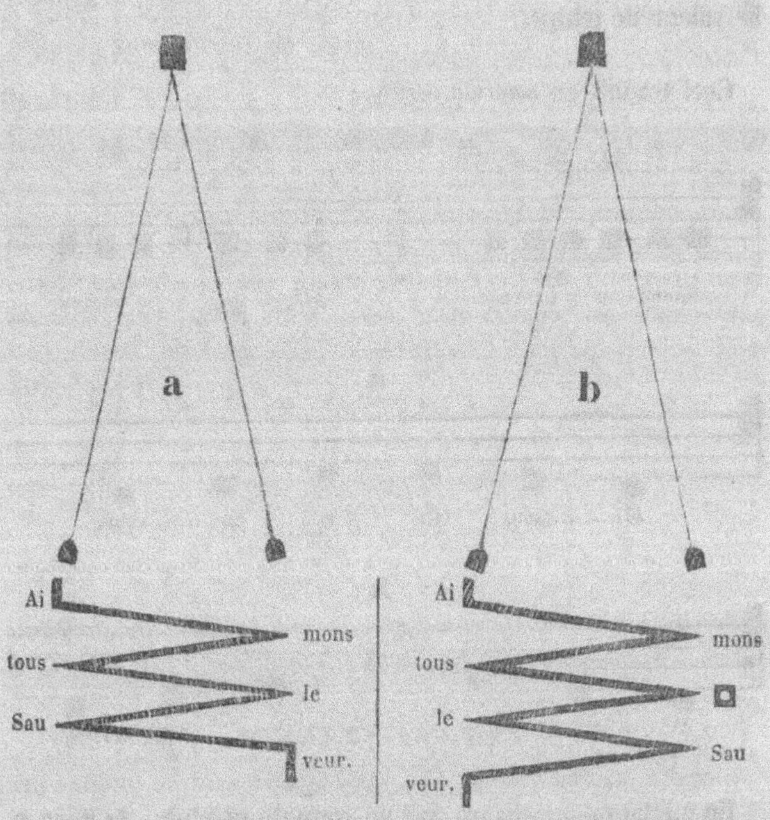

En suivant les mouvements du pendule **a**, vous n'avez de repos après aucune des syllabes, tandis que ceux du pendule **b** vous donnent un silence après : *Aimons tous*, silence indiqué par le signe . Le mouvement du pendule vous en donnera la valeur de temps.

Ceci traduit en *notes* donnerait :

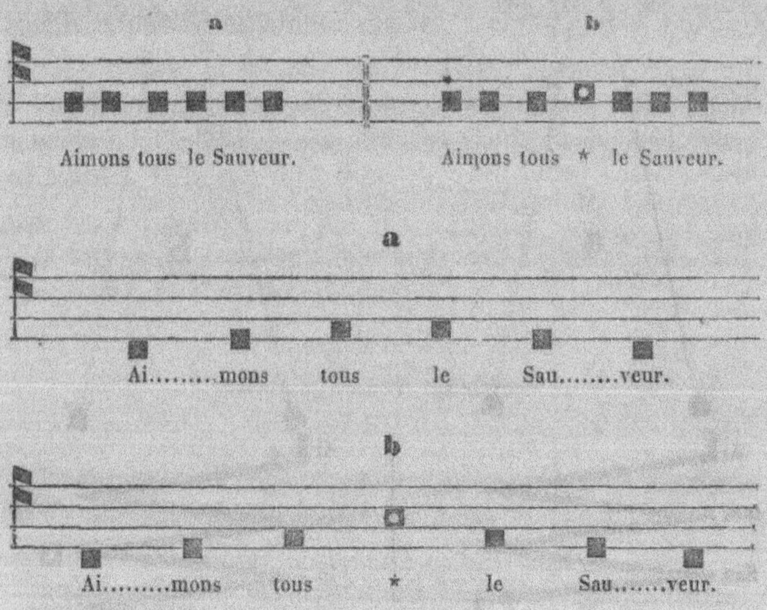

En mettant pour chaque *note* un coup du pendule, la ligne **a** en compterait six, tandis que la ligne **b** en compterait sept, le quatrième étant pour le *silence*. Ce signe *silence* peut être répété plusieurs fois de suite : ce sont alors tout autant de *notes* silencieuses à chacune desquelles il faut consacrer un coup du pendule pour valeur de temps.

Mes enfants, je n'ai qu'un seul mot à vous dire pour vous recommander cela : Rien n'est beau comme les *silences* bien faits, dans un *plain-chant* bien grave, bien solennel et bien dirigé par la *mesure*.

⚬⚬⚬

XIV

CHANTS-ÉTUDES

Sur Clef d'UT 1re.

Lorsque, à votre âge, mes enfants, j'apprenais le *plain-chant*, après l'exercice de la *gamme* pure et simple, l'on me fit *solfier* les *tierces*, les *quartes*, les *quintes*, les *sextes*, etc. (*Solfier* veut dire :

Chanter le nom des notes *)*. A vous dire la vérité, ces *tierces* et toutes leurs compagnes, ne m'ont pas laissé un bien bon souvenir, tant elles m'ont ennuyé.

Exercices pénibles, aigres, durs et arides, elles ne peuvent, sous leurs formes sévères, qu'être repoussées de ce petit ouvrage où je veux avant tout, mes petits amis, ne pas vous ennuyer vous-mêmes.

Je vais donc tâcher de vous conduire au même but par un autre chemin, allant du facile au moins facile, opérant d'abord sur la succession de *sons* de la figure K *(page 60)*, allant de celle-ci à celle de la figure M *(page 63)*, puis à celle de la figure N *(page 64)*, et enfin les mélangeant toutes les trois aussi bien que pourra me l'inspirer, non pas mon savoir-faire, mais le désir que j'ai de vous plaire pour vous faire aimer le *plain chant*.

Vous suivrez toujours la *mesure*, mes enfants; les nombres que vous trouverez sur ce trait ▬ placé sur la *portée*, tout-à-fait en tête du morceau de chant, vous indiqueront le nombre de centimètres que vous donnerez à la longueur du pendule, pour avoir la *mesure* voulue. Lorsque vous en trouverez plusieurs, vous commencerez par étudier le morceau de chant avec la *mesure* que vous donnera le premier chiffre, et finirez par le dernier, *mesure* plus accélérée.

Les petits airs suivants ne sont que de simples exercices, voilà pourquoi je les appelle : *Chants-Études*.

Commencez d'abord par solfier sur les *notes* à petites lettres blanches, puis sur les autres, et ensuite vous appliquerez à chaque *son* de *notes* les syllabes correspondantes à chacune d'elles.

Ne passez d'un chant à un autre que lorsque vous saurez bien par cœur solfier les *notes* et chanter les paroles de celui que vous étudierez.

LE RÉVEIL.

Il faut se lever, mon Pierre
Travail fait honneur ;
Et faisons notre prière
Ça porte bonheur.

Oui faisons notre prière
Pour moi c'est bonheur ;
Et vous imiter, bon père,
Pour moi c'est l'honneur.

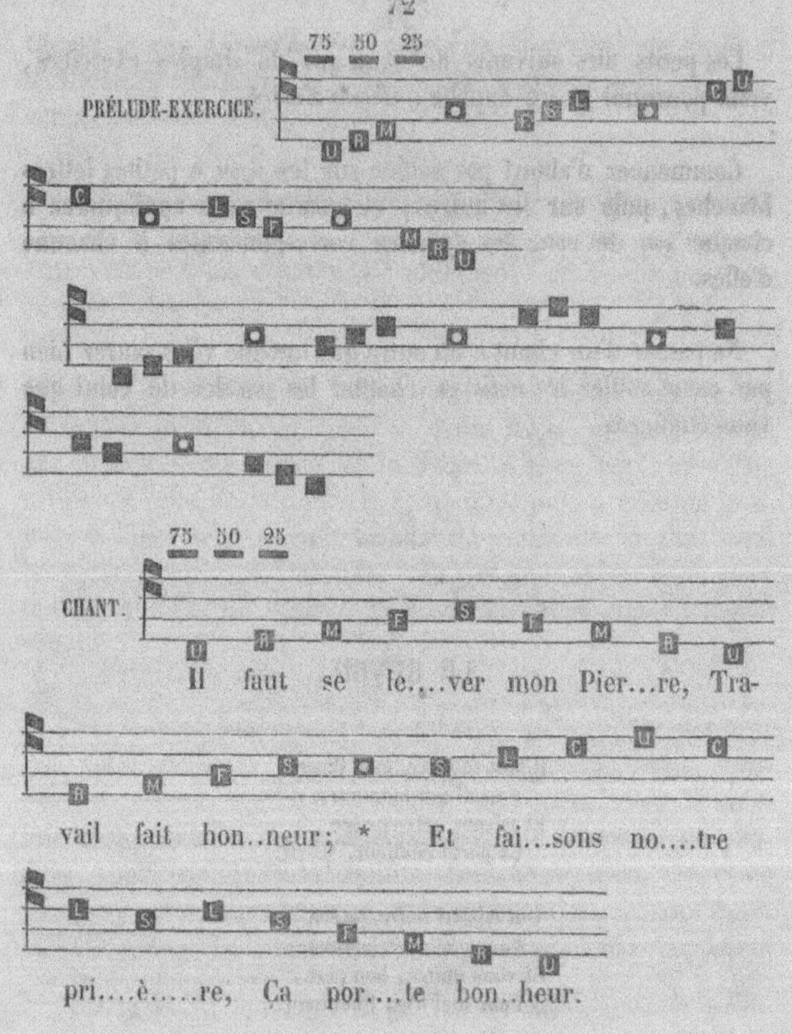
PRÉLUDE-EXERCICE.
CHANT.
75 50 25
75 50 25
Il faut se le..,..ver mon Pier...re, Travail fait hon..neur; * Et fai...sons no....tre
pri...è.....re, Ça por....te bon..heur.

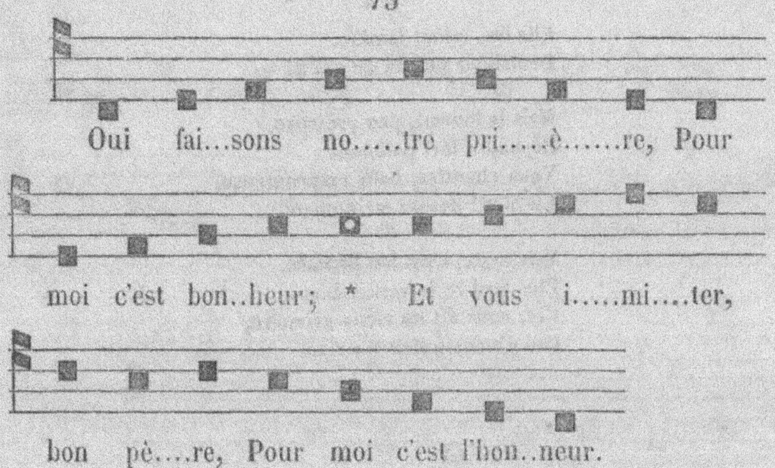

LA CIGALE ET LA FOURMI.

(Imitée de La Fontaine.)

Entends-tu cette cigale
Qui chantonne tout l'été ?
Elle aura bien la fringale
Quand la bise aura soufflé.

Quand la fourmi, sa voisine,
Jouira de son butin,

Elle ira, criant famine,
Demander un peu de grain.

Mais la fourmi, peu prêteuse,
Répondra fort poliment :
Vous chantiez, belle emprunteuse,
Eh bien ! dansez maintenant.

Paresseux, c'est ton histoire,
Plus tard tu le verras bien,
Car, nous dit un vieux grimoire,
Qui n'amasse rien n'a rien.

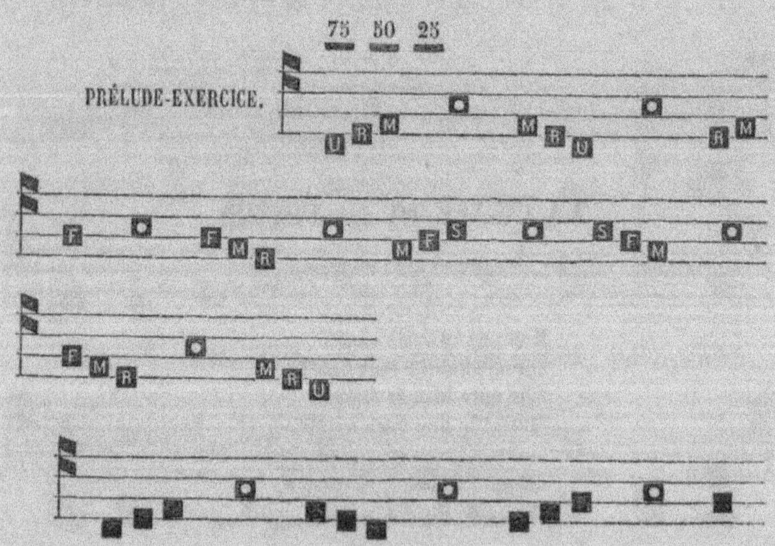

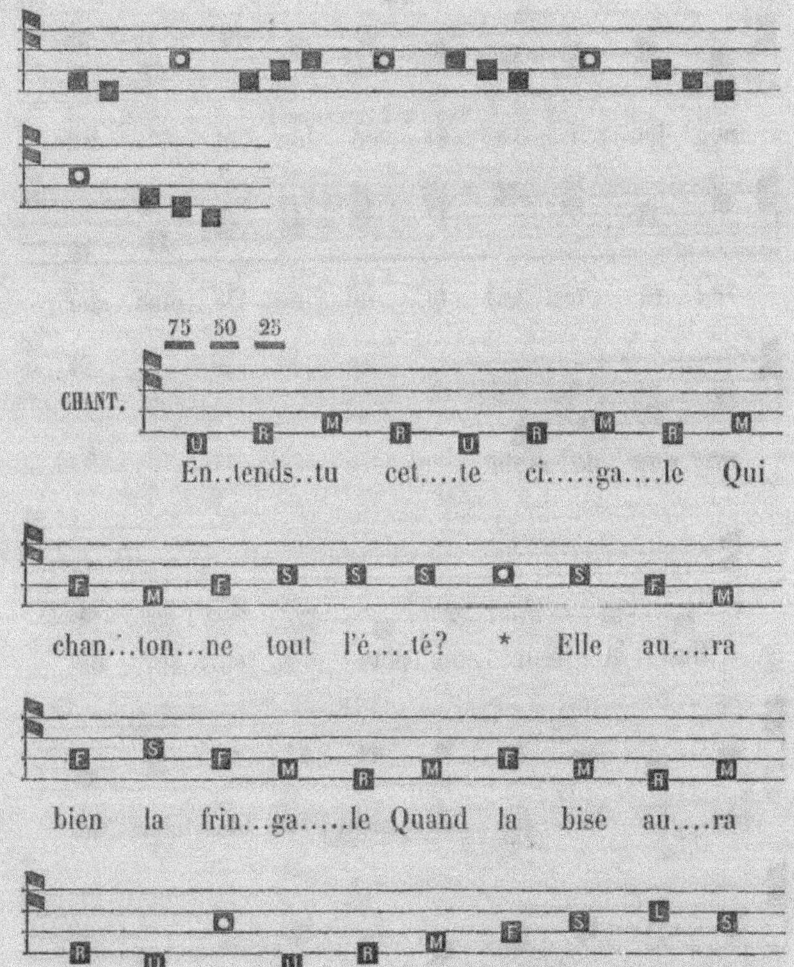
CHANT.
75 50 25
En..tends..tu cet....te ci....ga....le Qui
chan...ton...ne tout l'é...té? * Elle au....ra
bien la frin...ga.....le Quand la bise au....ra
souf...flé. * Quand la four....mi, sa voi...si-

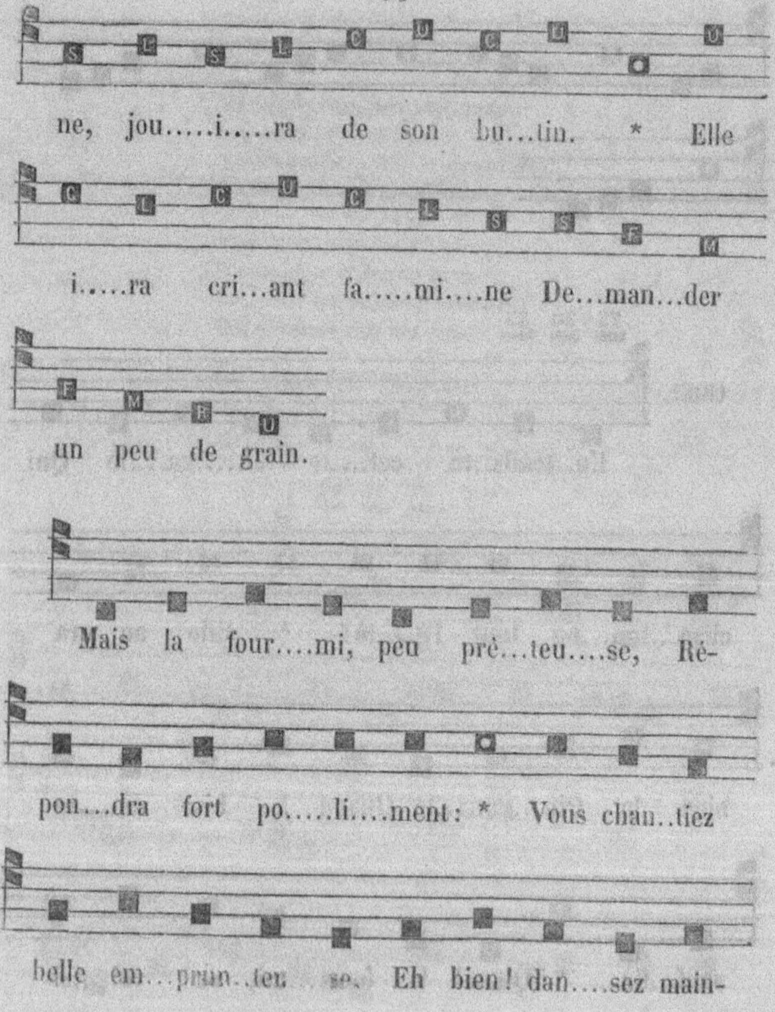

ne, jou.....i.....ra de son bu...tin. * Elle

i.....ra cri...ant fa.....mi....ne De...man...der

un peu de grain.

Mais la four....mi, peu prê...teu....se, Ré-

pon...dra fort po.....li....ment : * Vous chan..tiez

belle em...prun..teu...se. Eh bien! dan....sez main-

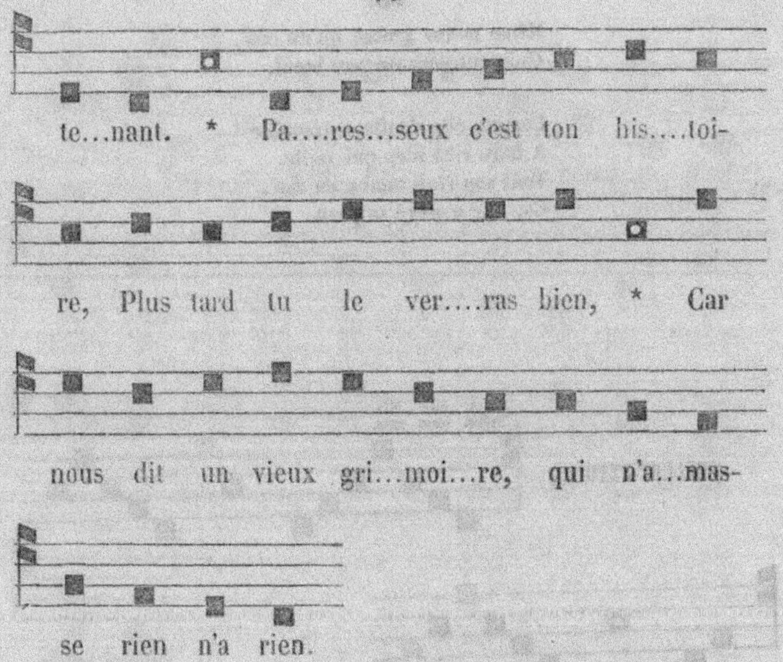

LA GRENOUILLE.

(Imitée de LA FONTAINE.)

Voyez-vous cette grenouille
Moins grosse qu'une citrouille,

Même moins grosse qu'un œuf,
Qui veut devenir gros bœuf.

Comme elle s'enfle et travaille
A faire rien bien qui vaille,
Tout son rêve tombe en eau,
Car elle a crevé sa peau.

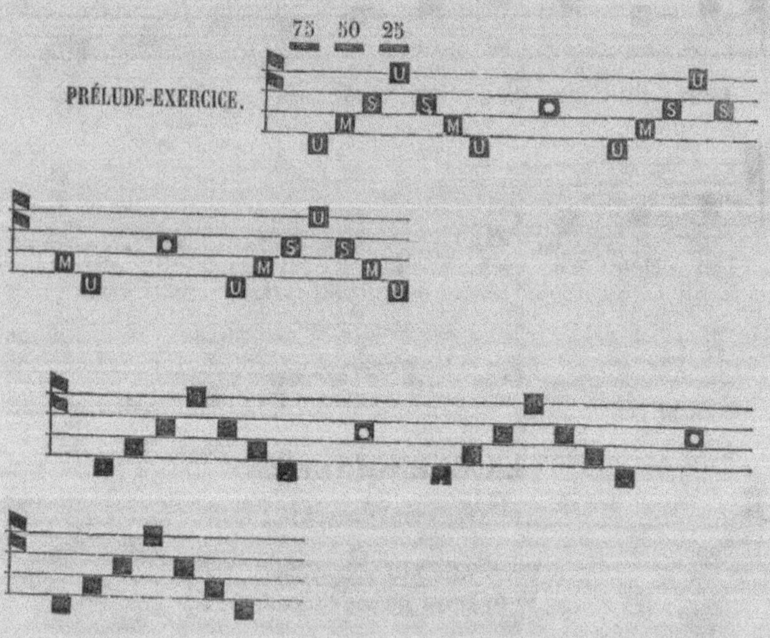

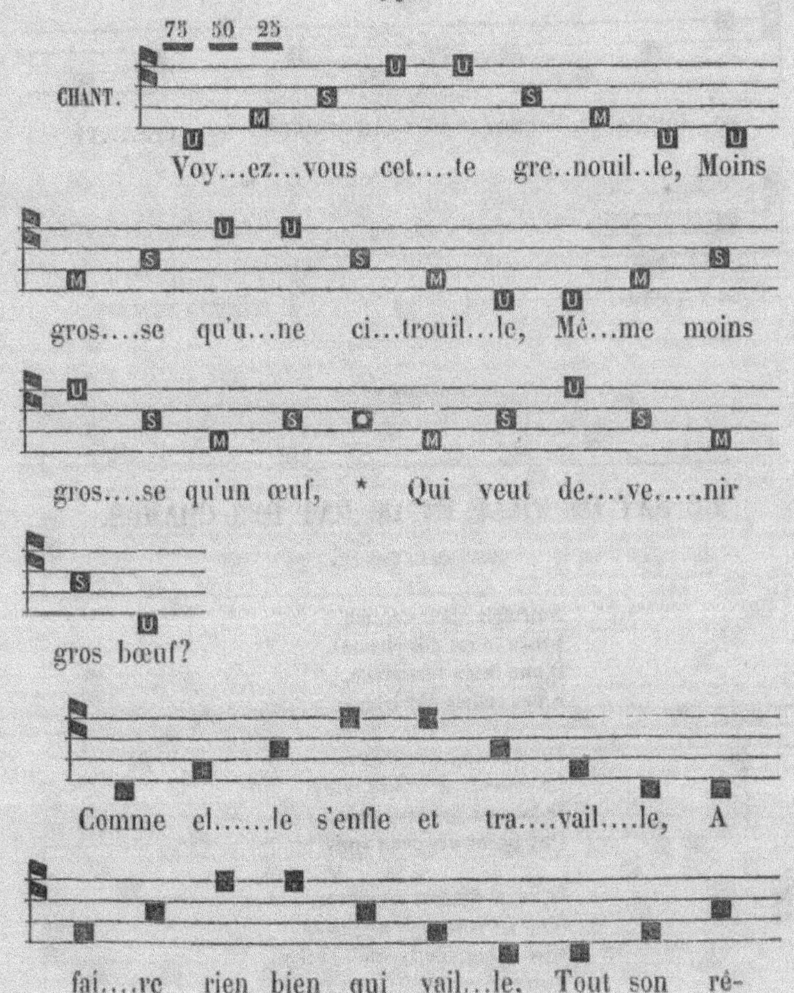
CHANT.
75 50 25
Voy...ez...vous cet....te gre..nouil..le, Moins
gros....se qu'u...ne ci...trouil...le, Mê...me moins
gros....se qu'un œuf, * Qui veut de....ve.....nir
gros bœuf?
Comme el......le s'enfle et tra....vail....le, A
fai....re rien bien qui vail...le, Tout son ré-

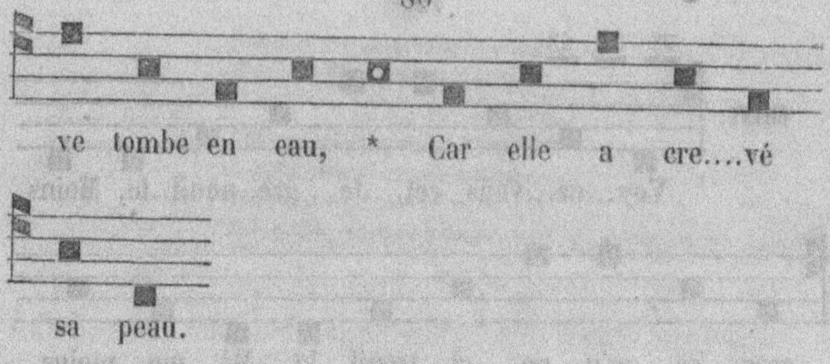

LE RAT DE VILLE ET LE RAT DES CHAMPS.

(Fable de LA FONTAINE.)

Autrefois le rat de ville
Invita le rat des champs,
D'une façon fort civile,
A des reliefs d'ortolans.

Sur un tapis de Turquie
Le couvert se trouva mis,
Je laisse à penser la vie
Que firent ces deux amis.

Le régal fut fort honnête,
Rien ne manquait au festin,
Mais quelqu'un troubla la fête
Pendant qu'ils étaient en train.

A la porte de la salle
Ils entendirent du bruit ,
Le rat de ville détale
Et le rat des champs s'enfuit.

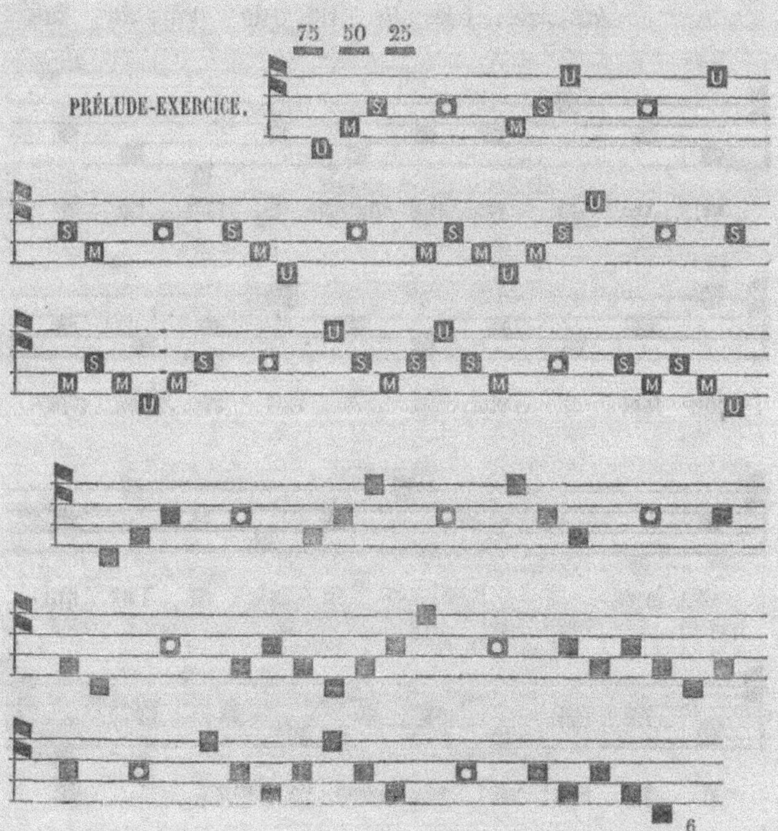

6

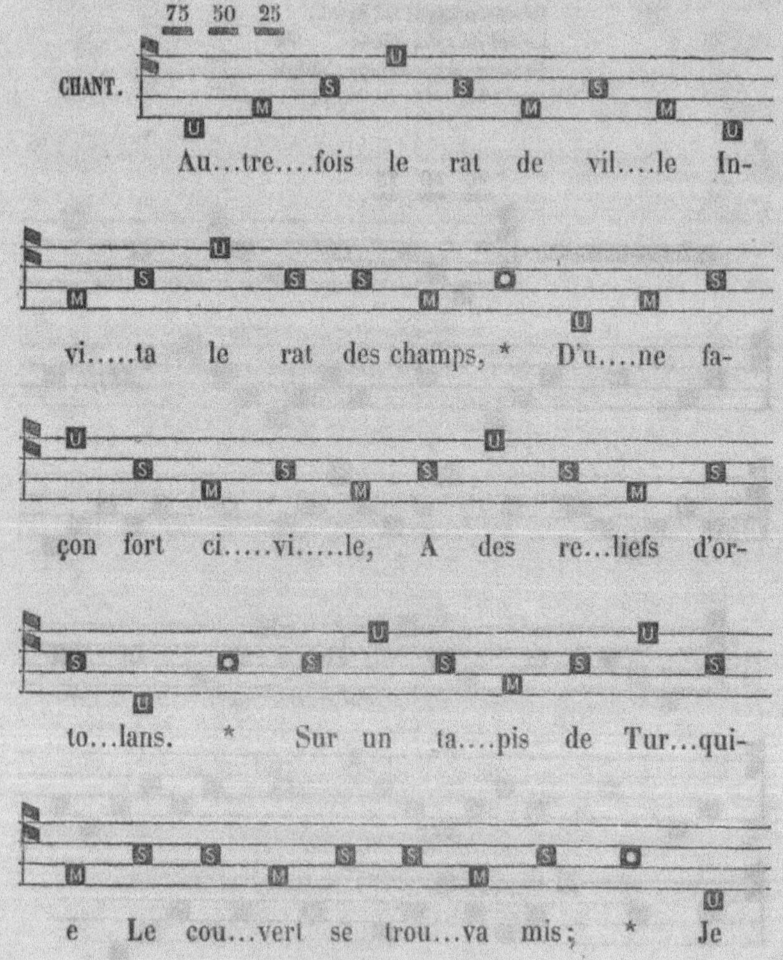
75 50 25
CHANT.
Au...tre....fois le rat de vil....le In-
vi.....ta le rat des champs, * D'u....ne façon fort ci.....vi.....le, A des re...liefs d'or-
to...lans. * Sur un ta....pis de Tur...qui-
e Le cou...vert se trou...va mis; * Je

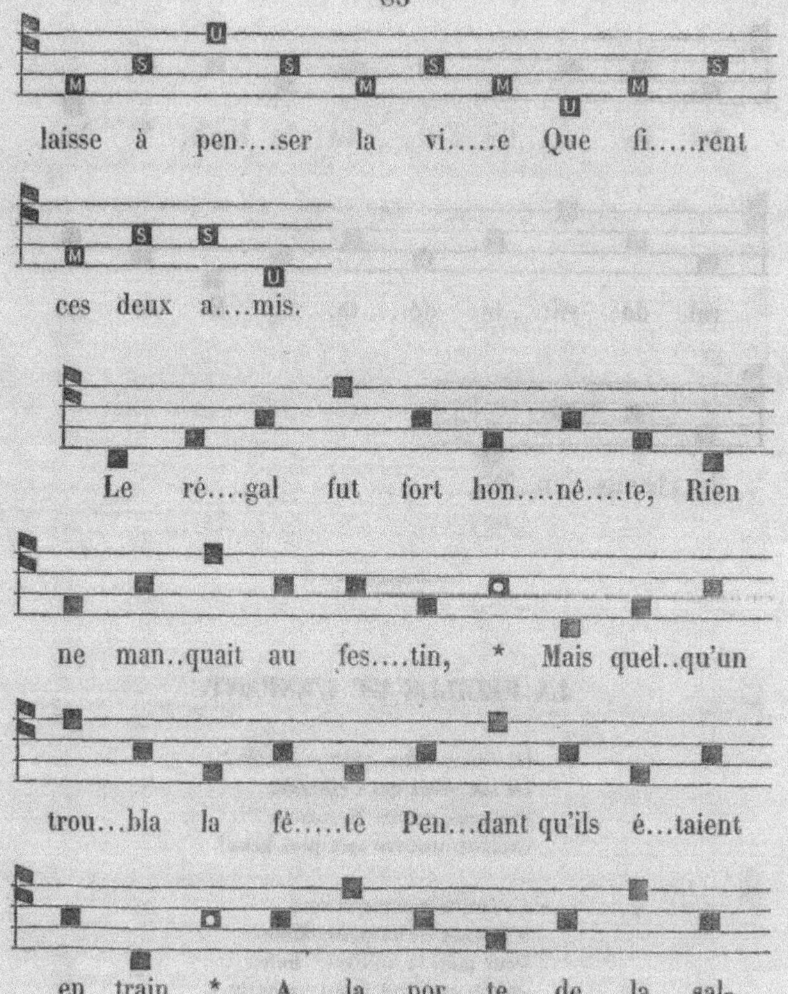

laisse à pen….ser la vi…..e Que fi…..rent
ces deux a….mis.
Le ré….gal fut fort hon….nê….te, Rien
ne man..quait au fes….tin, * Mais quel..qu'un
trou…bla la fê…..te Pen…dant qu'ils é…taient
en train. * A la por….te de la sal-

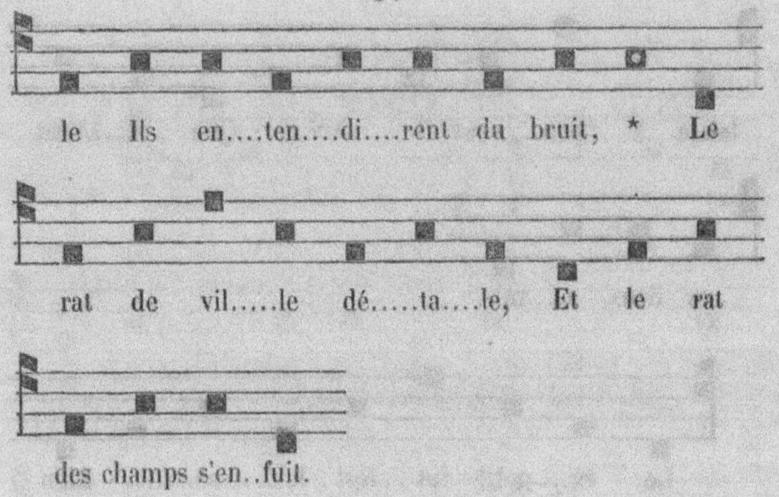

LA FEUILLE ET L'ENFANT.

Où vas-tu donc, pauvre feuille ?
De ton arbre qui s'effeuille
Pourquoi quitter le rameau ?
Crois-tu trouver sort plus beau ?

« La feuille comme la rose
S'en vont où va toute chose.
Pour nous la loi c'est : finir,
La loi, pour toi, c'est : mourir. »

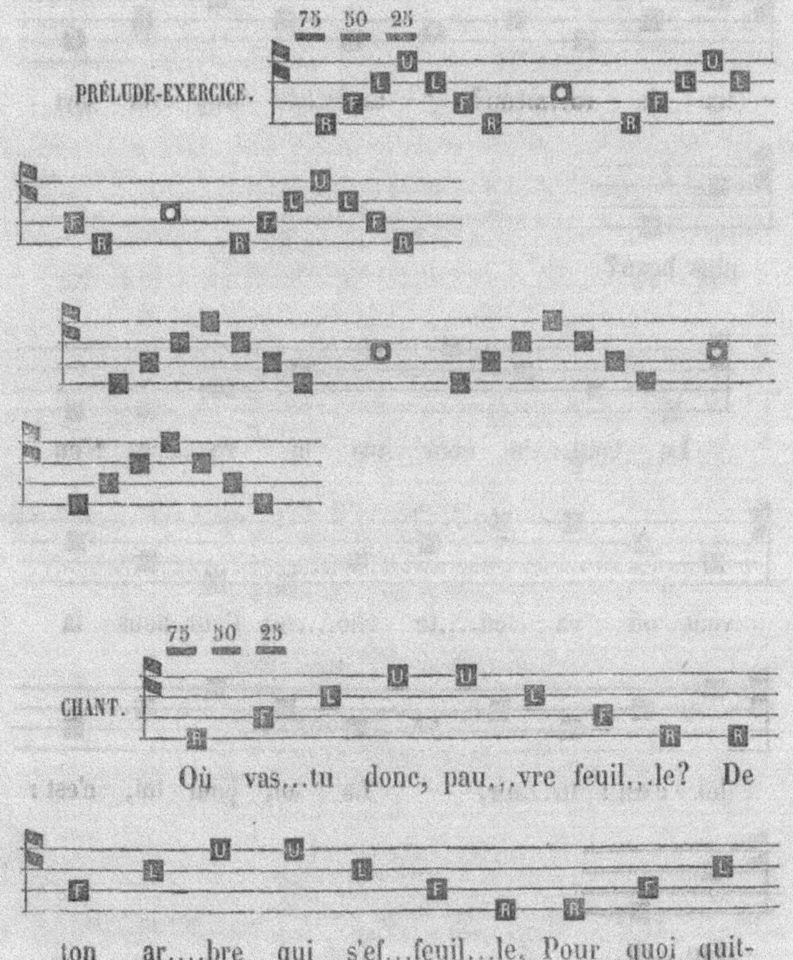
PRÉLUDE-EXERCICE.
75 50 25
CHANT.
75 50 25
Où vas...tu donc, pau.,,vre feuil...le? De
ton ar....bre qui s'ef...feuil...le, Pour quoi quit-

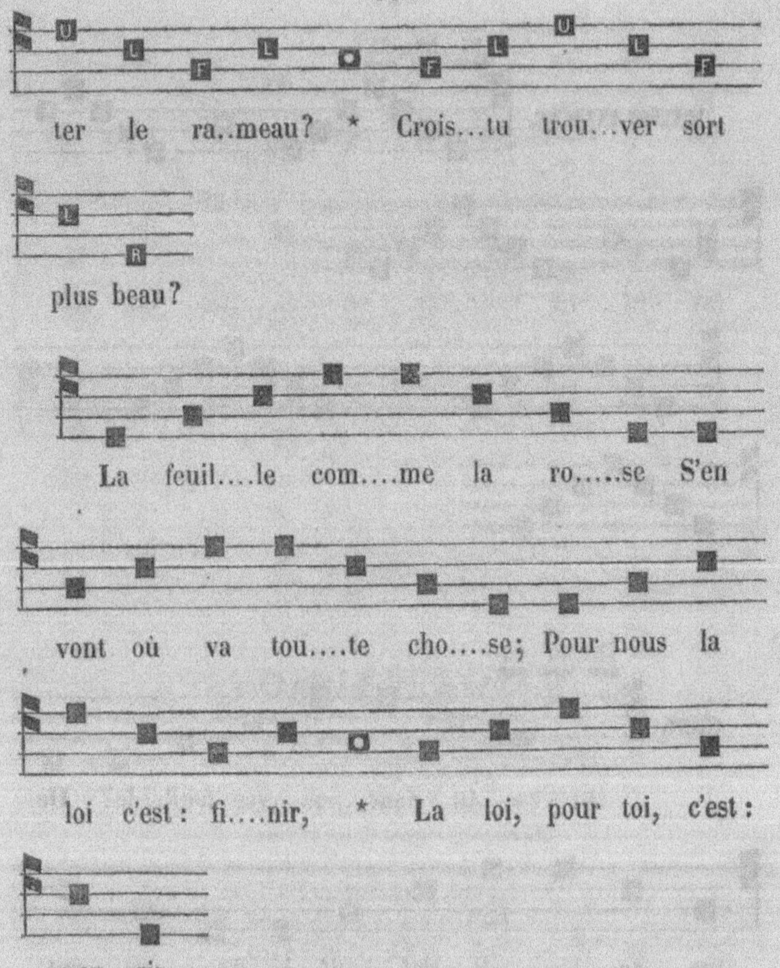

ter le ra..meau? * Crois...tu trou...ver sort

plus beau?

La feuil....le com....me la ro.....se S'en

vont où va tou....te cho....se; Pour nous la

loi c'est: fi....nir, * La loi, pour toi, c'est:

mou...rir.

LA VIERGE ET L'ENFANT.

A l'autel de la prière
Un enfant, triste toujours,
Priait pour sa pauvre mère,
Sa mère tous ses amours.

« Aide-moi dans ma détresse,
Si tu veux fais-moi souffrir,
Mais ma mère est ma richesse,
Ne la laisse pas mourir. »

Et pour bénir sa prière,
La Vierge, bonne toujours,
Lui rendit sa tendre mère,
Tendre mère ses amours.

« Oh! merci, plus de détresse,
Vierge, t'aimer, non souffrir,
Je t'aime, sois ma richesse,
Elle ne va plus mourir. »

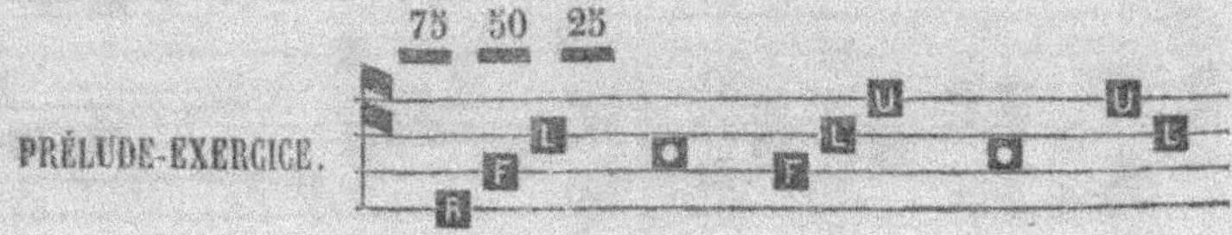

PRÉLUDE-EXERCICE.

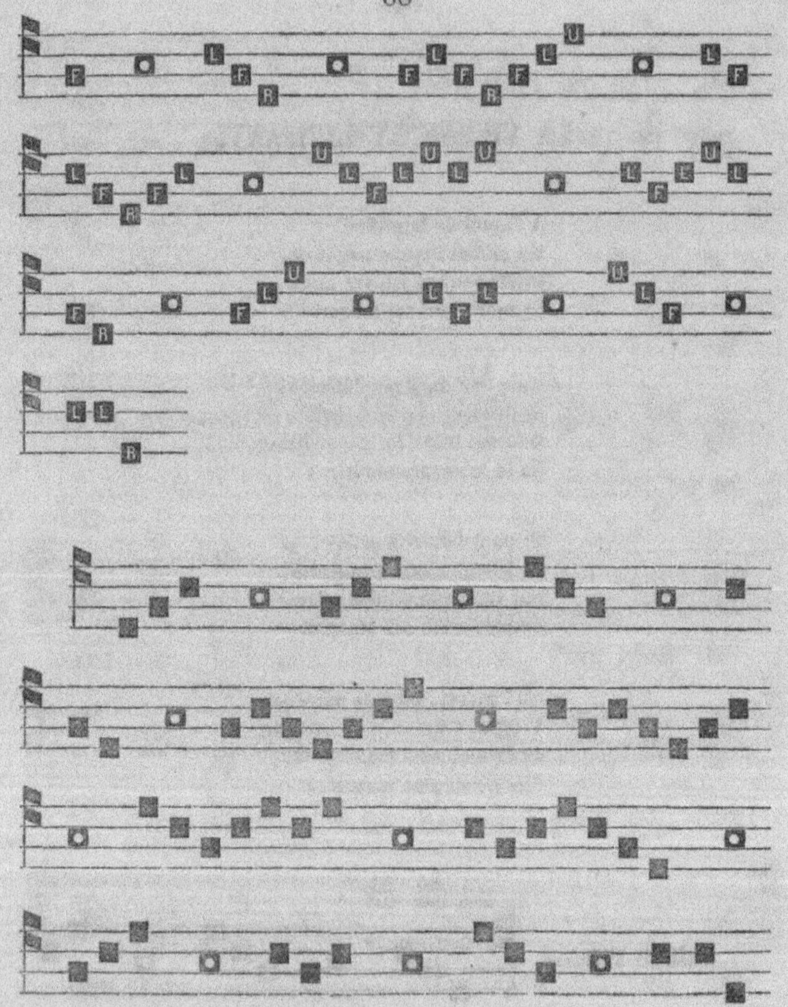

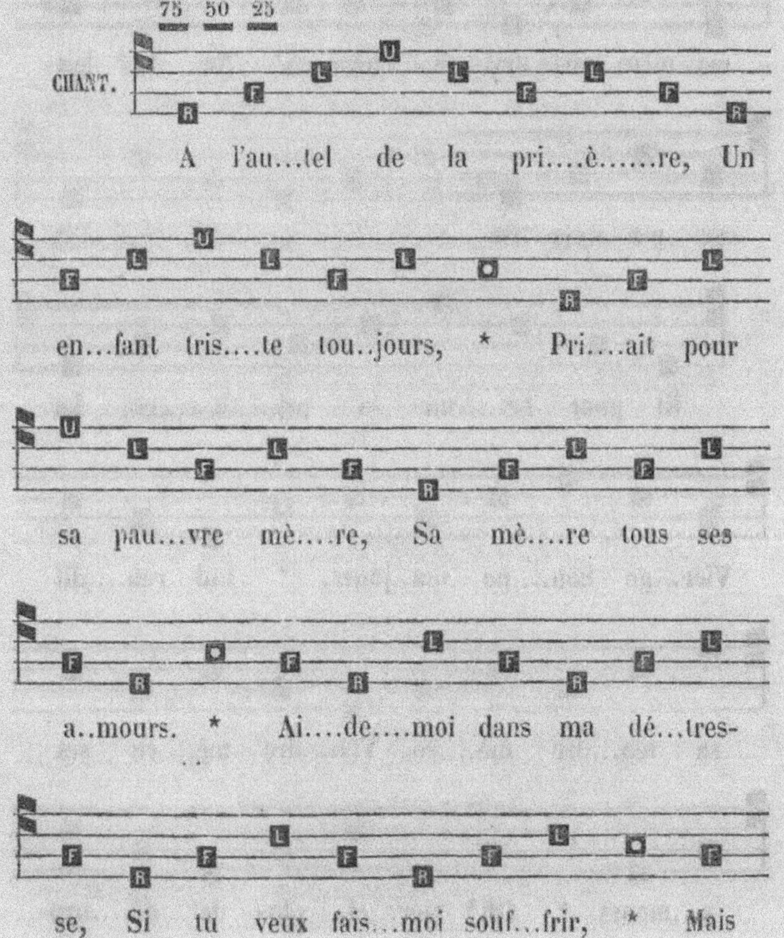

75 50 25
CHANT.
A l'au...tel de la pri....è......re, Un
en...fant tris....te tou..jours, * Pri....ait pour
sa pau...vre mè....re, Sa mè....re tous ses
a..mours. * Ai....de....moi dans ma dé...tres-
se, Si tu veux fais...moi souf...frir, * Mais

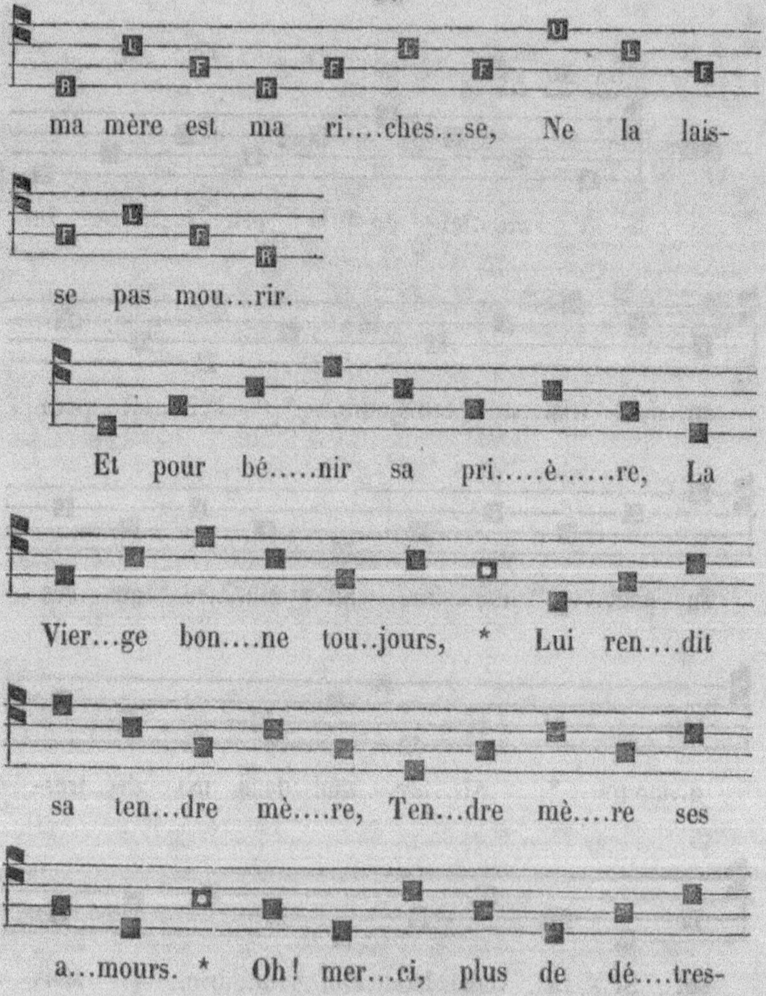

ma mère est ma ri....ches...se, Ne la lais-

se pas mou...rir.

Et pour bé.....nir sa pri.....è......re, La

Vier...ge bon....ne tou..jours, * Lui ren....dit

sa ten...dre mè....re, Ten...dre mè....re ses

a...mours. * Oh! mer...ci, plus de dé....tres-

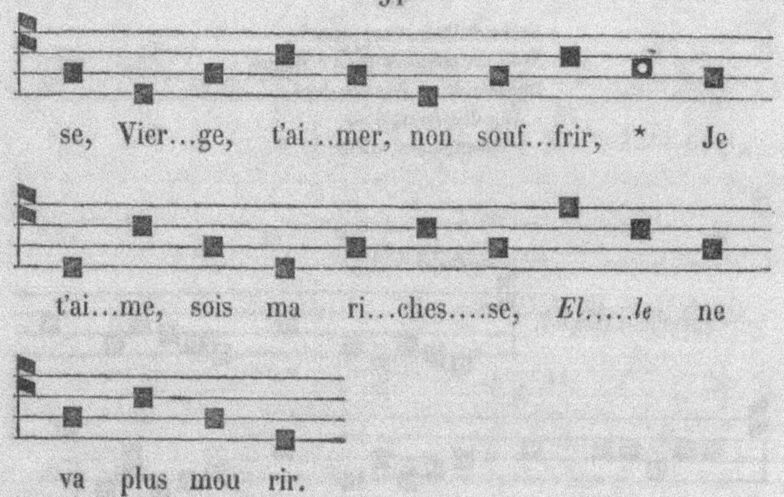

FRÈRE JACQUES.

(Variantes.)

Frère Jacques, dormez-vous?
Sonnez vite les matines.
Dig-din-dom, dig-din-dom,
Dig-din-dom, dom,
Dom, dom, dom.

Frère Gilles, rêvez-vous ?
Nous en sommes bien à nones,
Dig-din-dom, dig-din-dom,
Dig-din-dom, dom,
Dom, dom, dom.

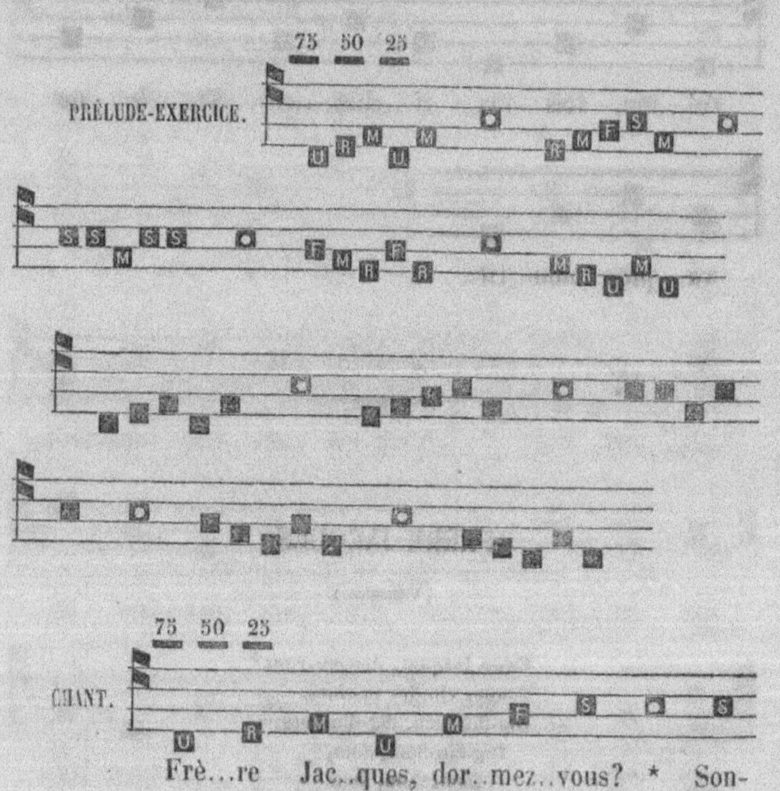

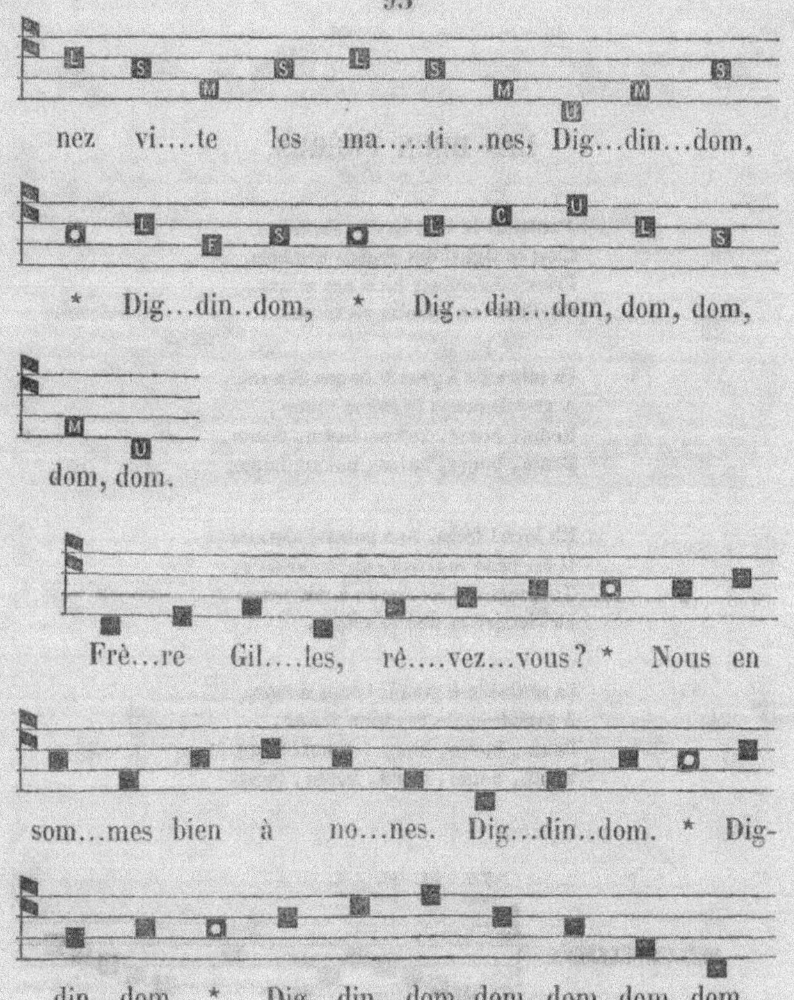

nez vi....te   les   ma......ti....nes, Dig...din...dom,
* Dig...din..dom,   *   Dig...din...dom, dom, dom,
dom, dom.
Frè...re   Gil....les,   rè....vez...vous? * Nous en
som...mes bien   à   no...nes. Dig...din..dom. * Dig-
din...dom. * Dig...din...dom, dom, dom, dom, dom.

LES DEUX FRÈRES.

J'entends le clairon des alarmes,
C'est le signal des grands combats.
Frère, défendons bien nos armes,
Cueillons ou victoire ou trépas.

La mitraille à grands coups donne,
A grands coups le canon tonne,
Boum, boum, boum, boum, boum,
Boum, boum, boum, boum, boum.

Eh bien! frère, non point d'alarmes,
Il est beau le champ des combats ;
Toujours le Ciel donne à nos armes
La victoire et non le trépas.

La mitraille à grands coups donne,
A grands coups le canon tonne,
Boum, boum, boum, boum, boum,
Boum, boum, boum, boum, boum.

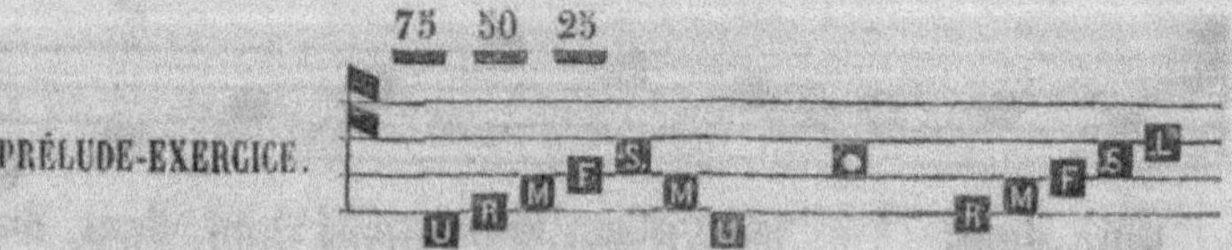

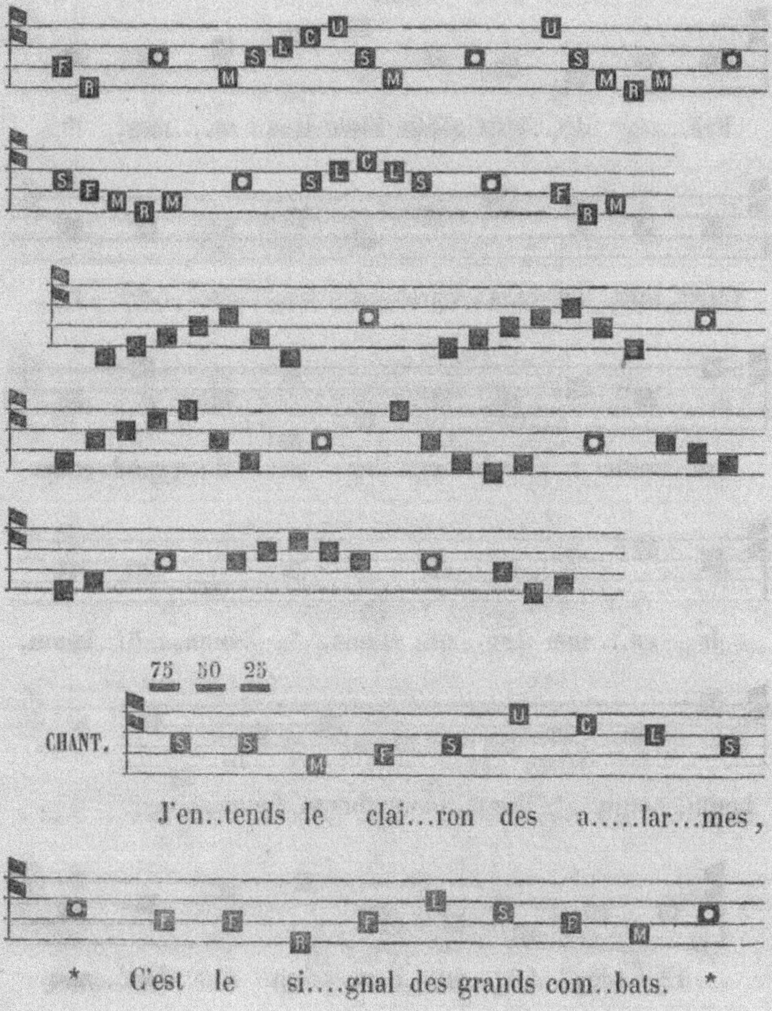

75 50 25

CHANT.

J'en..tends le   clai...ron des   a.....lar...mes ,

*   C'est le   si....gnal des grands com..bats.   *

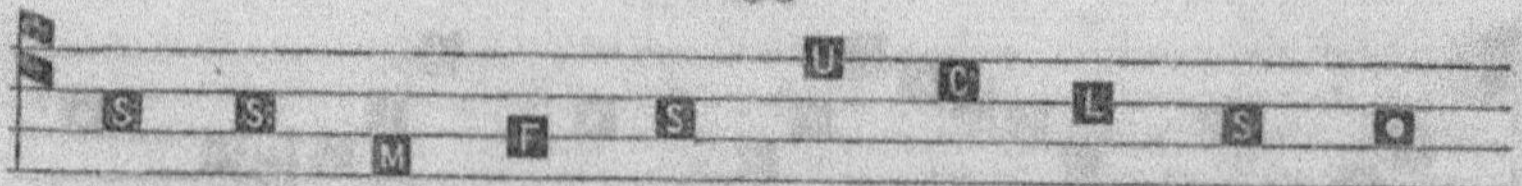

Frè...re, dé...fen....dons bien nos ar....mes, *

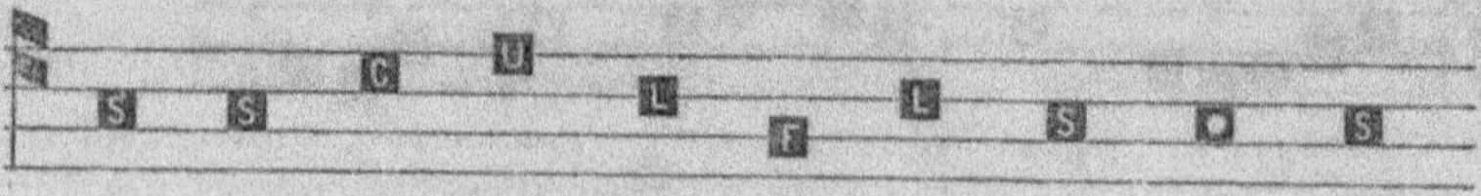

Cueil..lons ou vic...toire ou tré....pas. * La

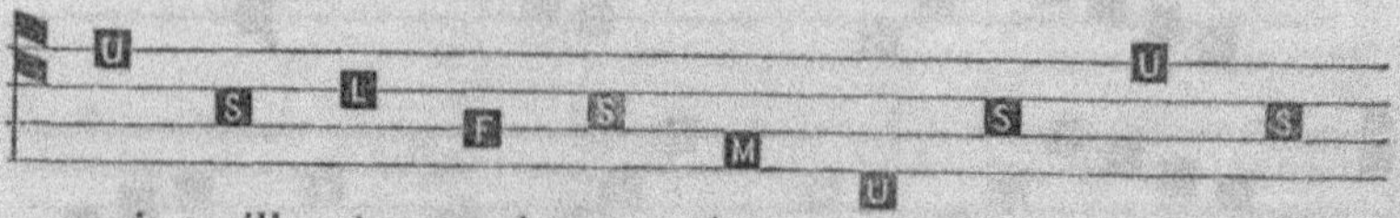

mi..traille à grands coups don....ne, A grands coups

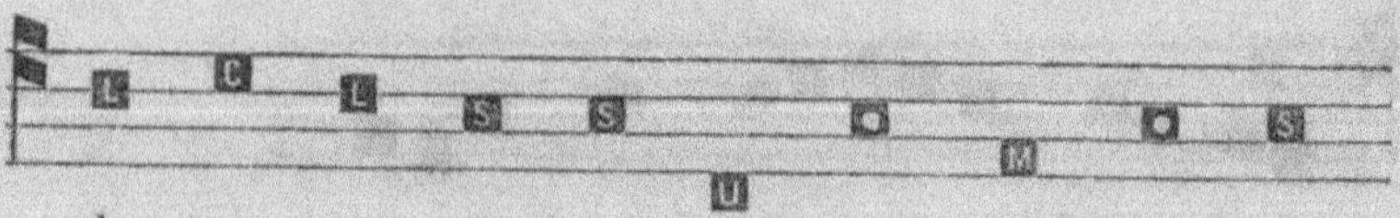

le ca....non ton...ne; Boum, * boum, * boum,

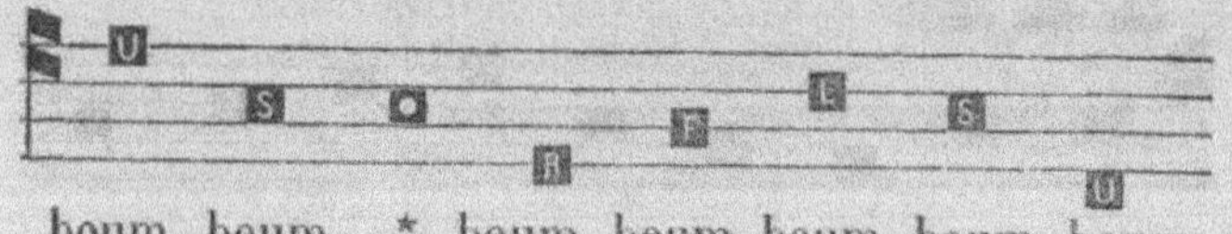

boum, boum. * boum, boum, boum, boum, boum.

Eh bien! frè....re, non, point d'a....lar....mes

* Il est beau le champ des com..bats. *
Tou..jours le Ciel donne à nos ar....mes, *
La vic...toire et non le tré...pas. * La
mi..traille à grands coups don...ne, A grands coups
le ca....non ton....ne, Boum, * boum, * boum,
boum, boum, * boum, boum, boum, boum, boum.

LE POINT DU JOUR.

A l'horizon déjà paraît l'aurore,
Le ciel est beau, tout le lac est d'azur ;
Partez, enfants, et travaillez encore,
Par un beau jour le travail n'est point dur.

Bateliers, frappez les eaux,
Couvrez les rames d'écume ;
Frappez, frappez, maréchaux,
Pan-pan-pan, maréchaux,
Sur l'enclume
Les marteaux.

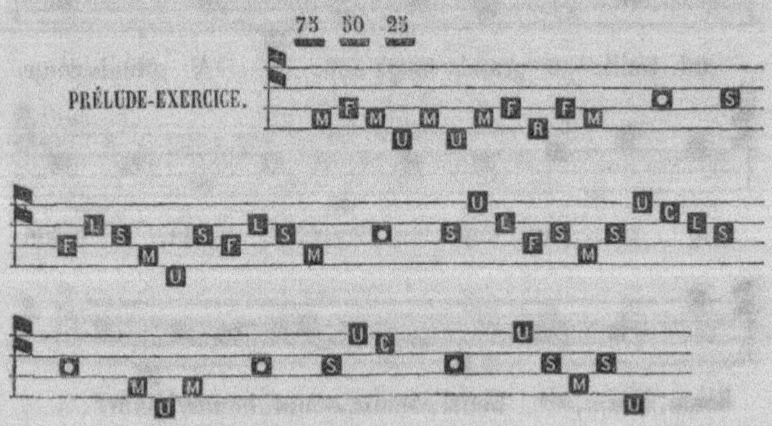

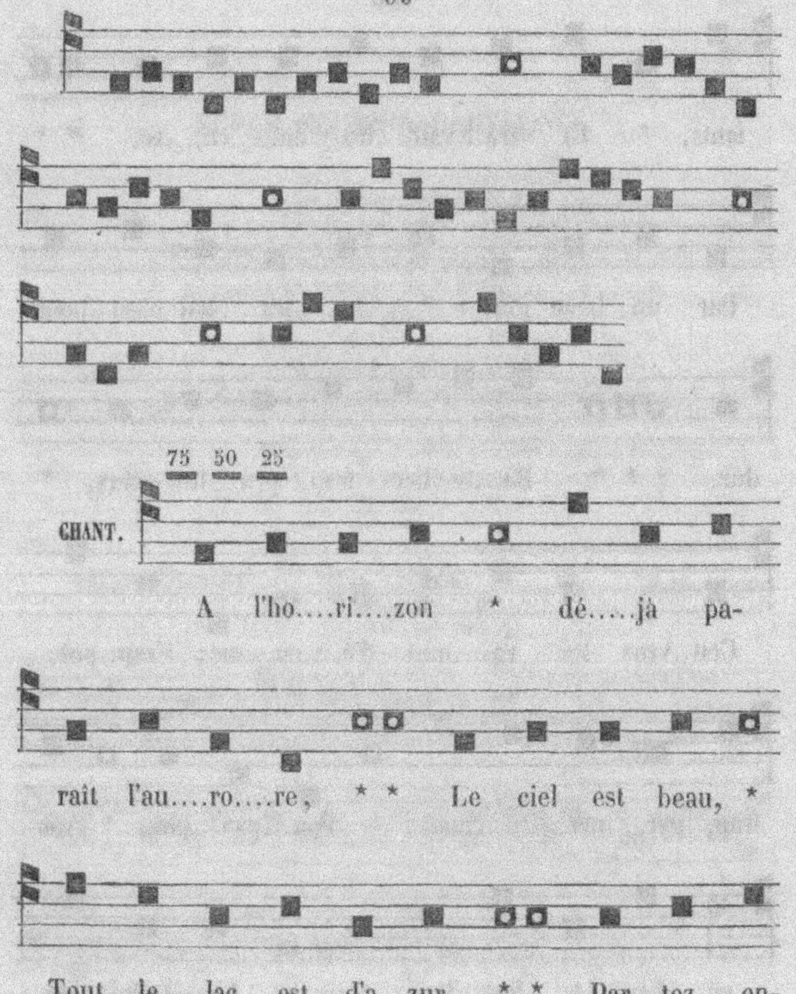
75 50 25
CHANT.
A l'ho....ri....zon * dé.....jà pa-
raît l'au....ro....re, * * Le ciel est beau, *
Tout le lac est d'a...zur. * * Par...tez, en-

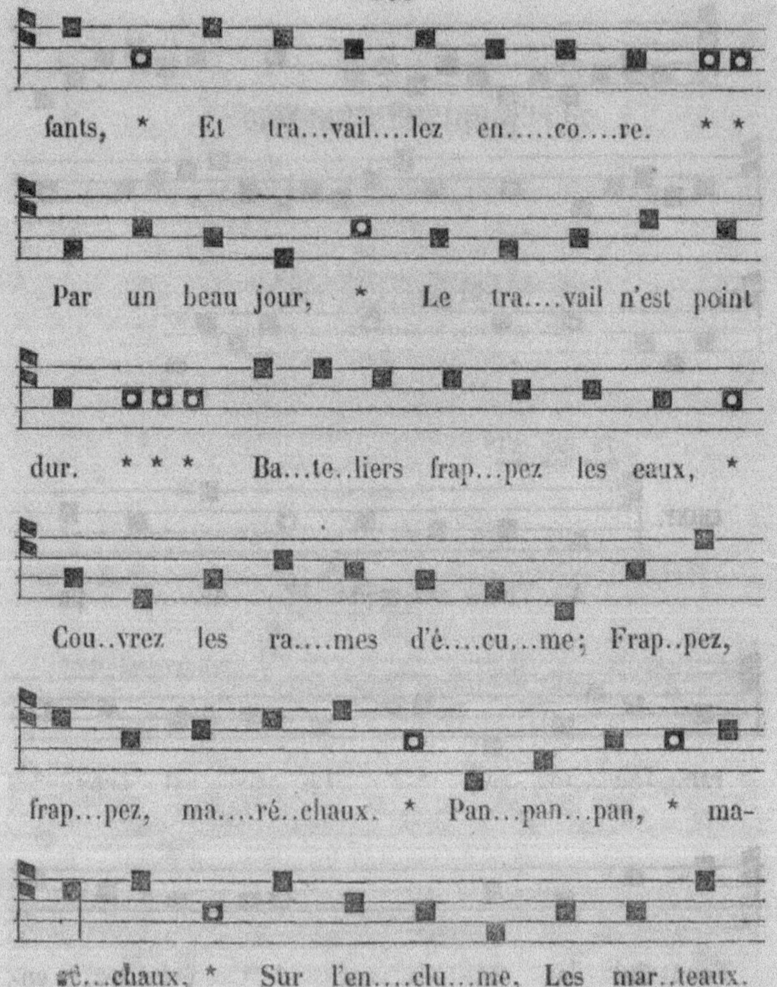

fants, * Et tra...vail....lez en.....co....re. * *
Par un beau jour, * Le tra....vail n'est point
dur. * * * Ba...te..liers frap...pez les eaux, *
Cou..vrez les ra....mes d'é....cu...me; Frap..pez,
frap...pez, ma....ré..chaux. * Pan...pan...pan, * ma-
...ré...chaux, * Sur l'en....clu...me, Les mar..teaux.

SUPER FLUMINA BABYLONIS.

Super flumina Babylonis
Illic sedimus
Et flevimus et flevimus,
Cùm recordaremur Sion,
Cùm recordaremur Sion,
Illic sedimus et flevimus, et flevimus
Cùm recordaremus Sion ;
Suspendimus organa nostra, et sedimus et flevimus.

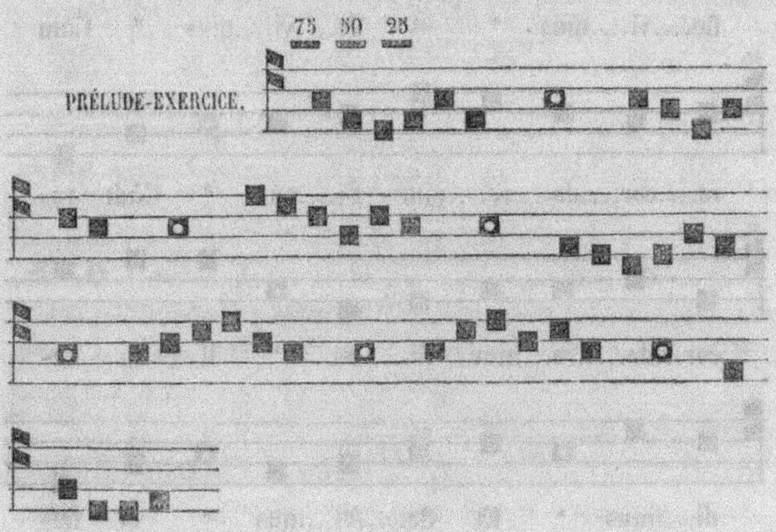

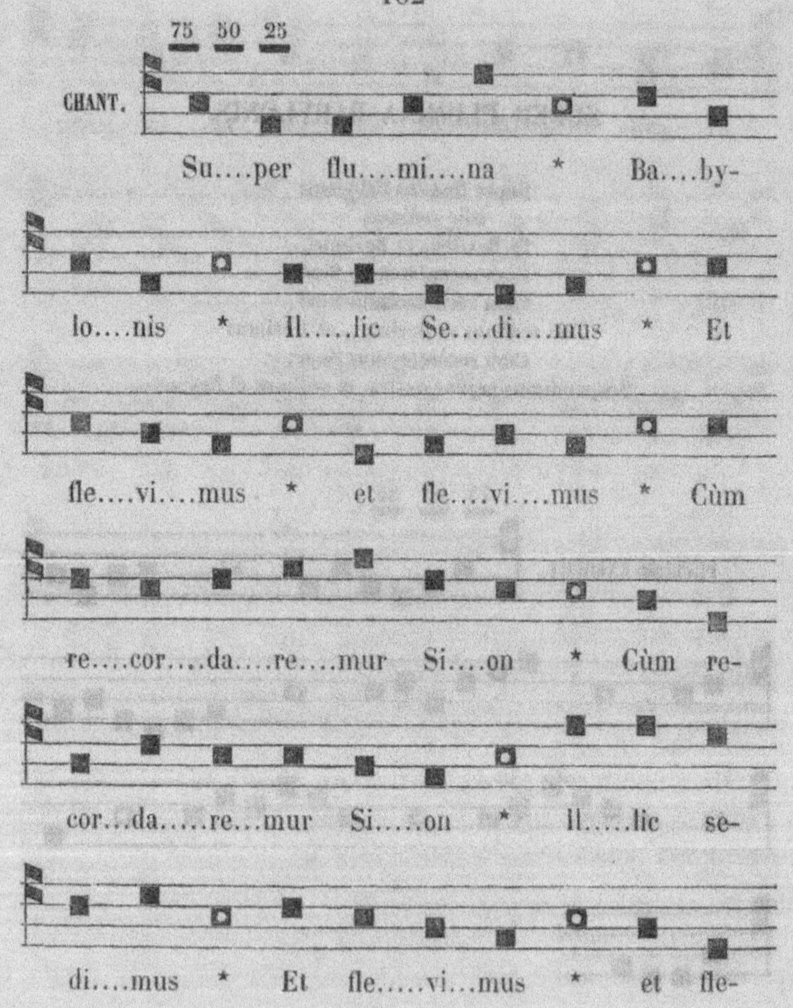
75 50 25
CHANT.
Su....per flu...mi....na * Ba....by-
lo....nis * Il.....lic Se....di....mus * Et
fle....vi....mus * et fle....vi....mus * Cùm
re....cor....da....re....mur Si....on * Cùm re-
cor...da.....re...mur Si.....on * Il.....lic se-
di....mus * Et fle.....vi...mus * et fle-

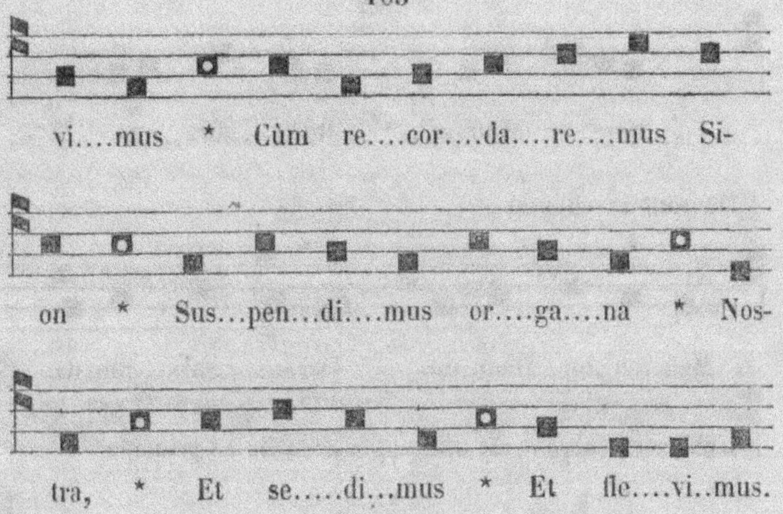

Dans les airs qui précèdent, mes enfants, chaque syllabe n'a qu'une *note* correspondante, mais très souvent une même syllabe se trouve en avoir plusieurs, et alors, dans le chant, on fait passer la syllabe par tous les *sons* que représentent ces *notes*.

On ne prononce pas la syllabe entière sur chacune des *notes* à elle correspondantes, mais seulement sur la première, ne donnant aux autres que les consonnances de la syllabe.

Ainsi les mots : *Mon Dieu* et *Dominus* placés sous les *notes* suivantes :

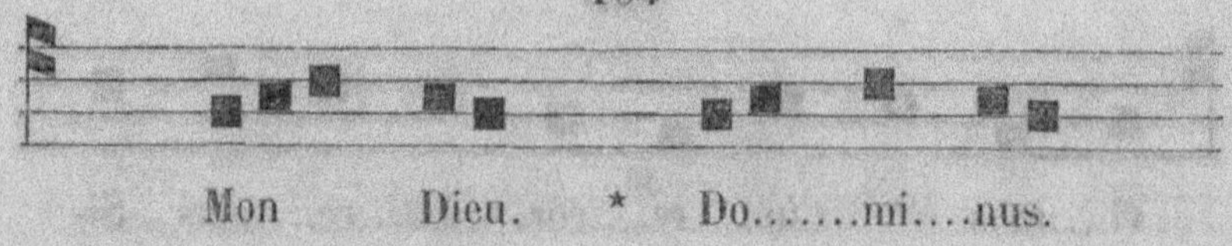

Devront se chanter :

L'exercice suivant est une application de ce principe.

L'EXILÉ.

A genoux sur la pierre,
Plein de pensers amers,
Il chantait sa prière
A l'écho solitaire
    Des mers :

Belle espérance
Porte toujours
Vers notre France
Tous mes amours ;

Terre si chère,
C'est mon espoir,
Revoir ma mère,
Et te revoir.

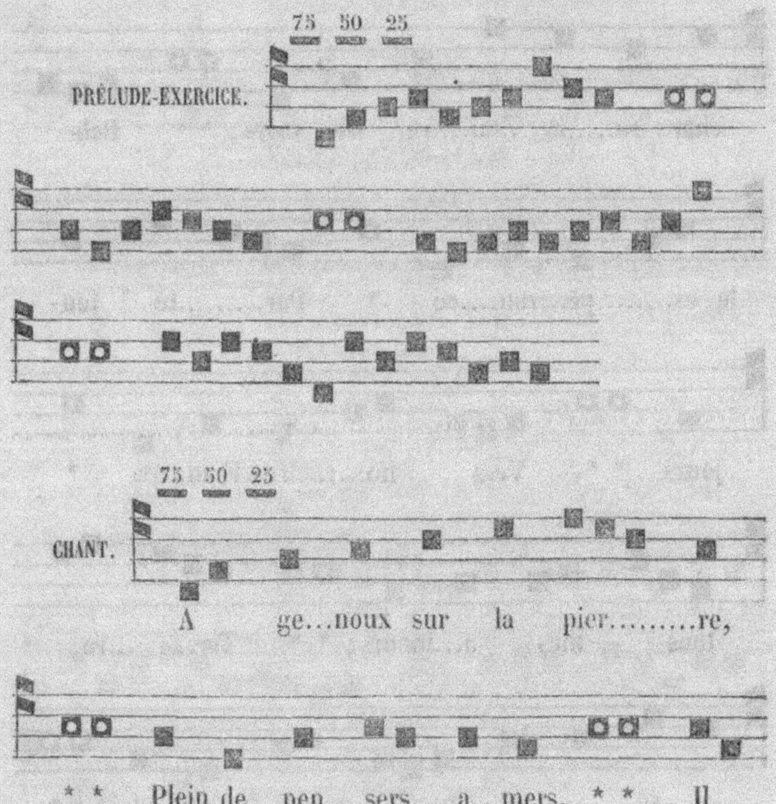

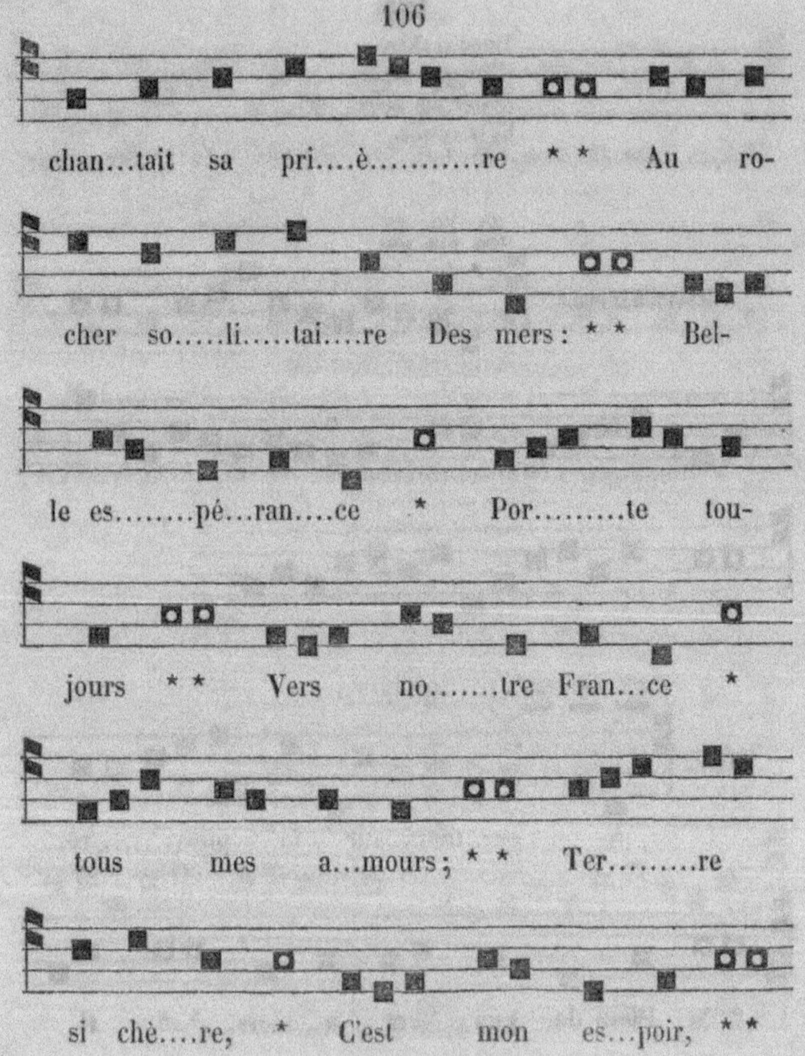
chan...tait sa pri....è.............re * * Au ro-
cher so.....li.....tai....re Des mers: * * Belle es........pé...ran....ce * Por.........te toujours * * Vers no.......tre Fran...ce *
tous mes a...mours; * * Ter.........re
si chè....re, * C'est mon es...poir, * *

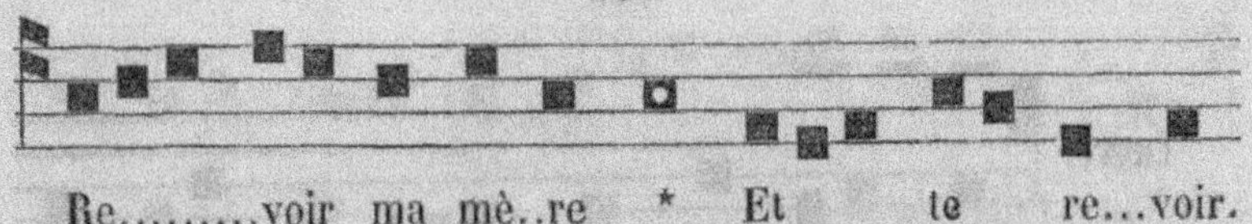

URBS JERUSALEM.

(Liturgie viennoise.)

Urbs Jerusalem beata
Dicto pacis visio
Quæ construitur in Cœlis
Vivis ex lapidibus
Et ovantum coronata
Angelorum agmine.

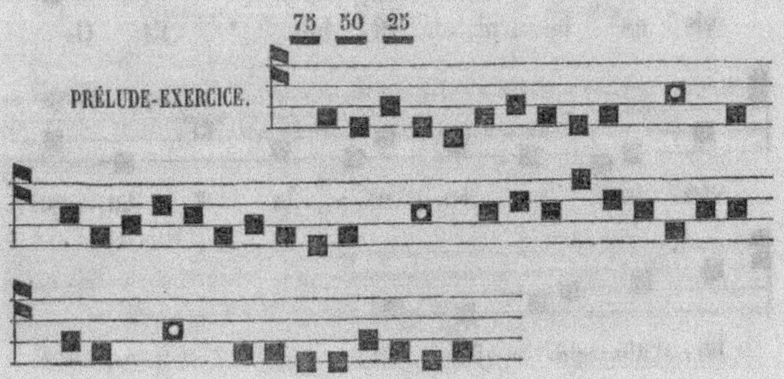

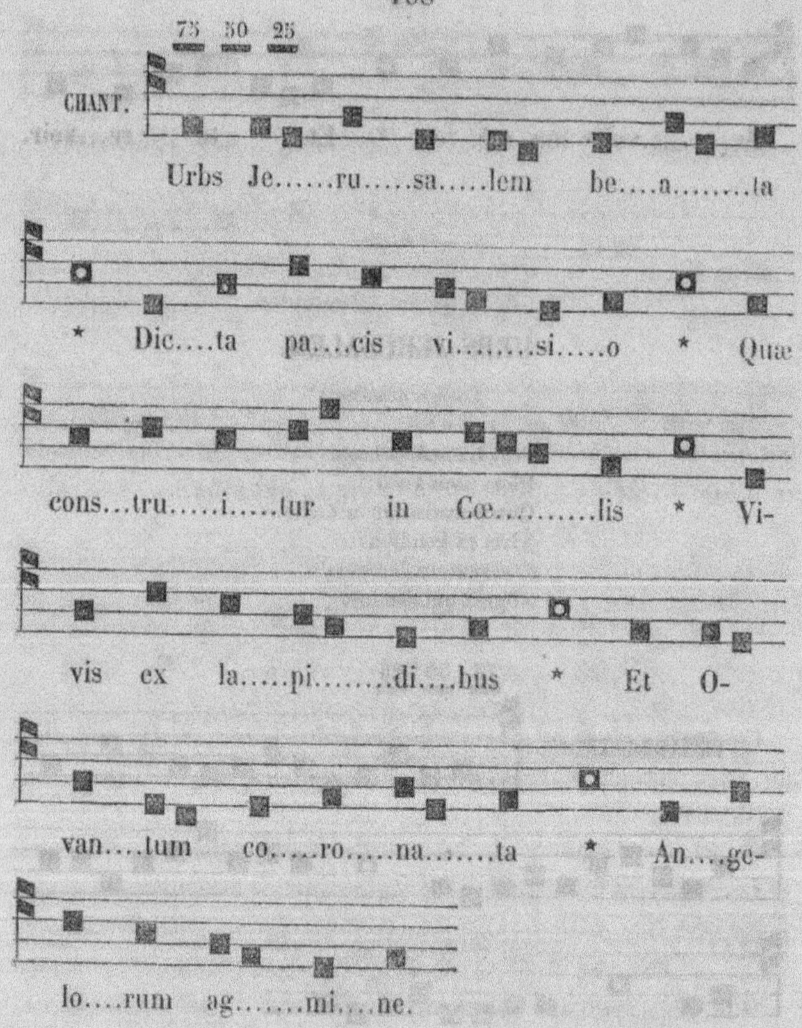

75 50 25
CHANT.
Urbs Je......ru.....sa.....lem   be....a........ta
* Dic.....ta   pa.....cis   vi.........si.....o   *   Quæ
cons...tru.....i.....tur   in   Cœ............lis   *   Vivis   ex   la.....pi.........di....bus   *   Et   O-
van.....tum   co.....ro.....na.......ta   *   An.....ge-
lo....rum   ag........mi.....ne.

XV

Bémol, Dièze, Bécarre.

Mes enfants, avant de passer aux *Chants-Études* de la *clef* de FA, parlons un peu du *bémol*, du *dièze* et du *bécarre*. Cette petite étude sera une diversion qui me parait utile et nécessaire.

Bémol.	Dièze.	Bécarre.

Ces trois signes se placent devant les *notes* et agissent sur elles de trois manières différentes, chacun d'eux ayant une action particulière.

Le *bémol* indique que le *son* de la *note* devant laquelle il est placé doit être abaissé d'un *demi-ton*.

Il peut se placer devant toutes les *notes* de la *gamme*, mais, en *plain-chant*, la *note* qu'il affecte principalement, c'est le CI; quelquefois le MI et le LA; les autres, presque jamais.

Prenons le CI pour exemple.

Vous savez qu'entre le LA et le CI il y a un *ton*, et entre le CI et l'UT un *demi-ton* seulement. Dans cet ordre là, le CI est appelé : CI *naturel*.

Mais si cette *note* se trouve avoir un *bémol* placé devant elle, elle est appelée CI *bémol*; alors du LA au CI il n'y a plus qu'un *demi-ton* au lieu d'un *ton*, tandis que du CI à l'UT il y a un *ton* entier au lieu d'un *demi-ton*.

EXEMPLES :

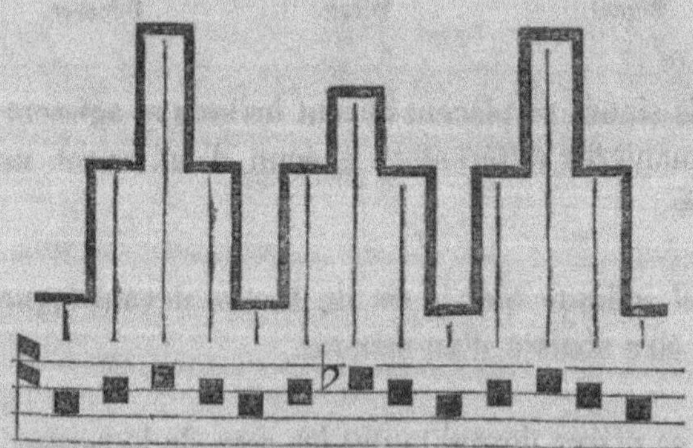

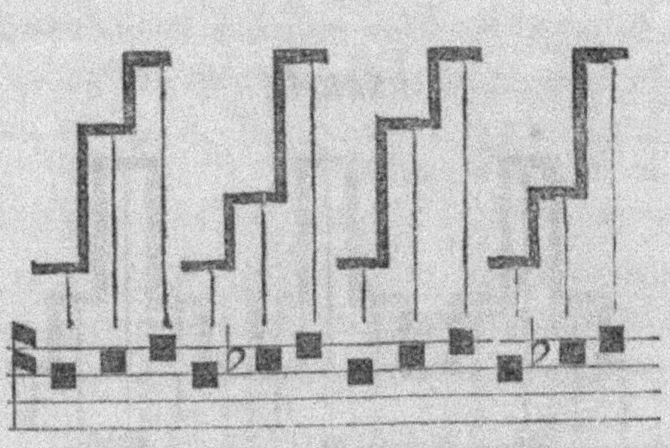

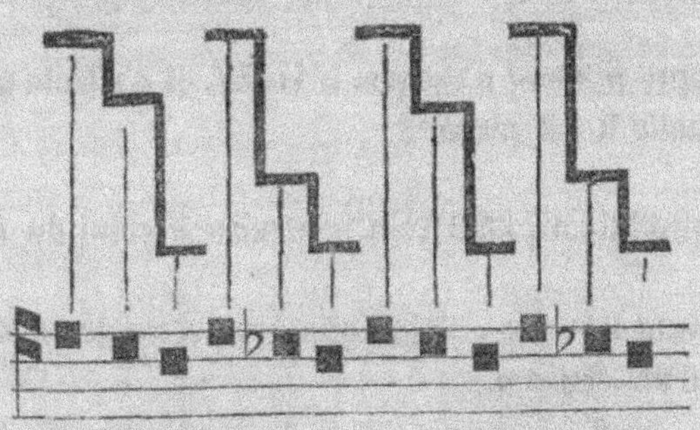

Lorsque dans une pièce de *chant* tous les cɪ doivent être *bémolisés*, on ne répète pas le *bémol* devant chacune de ces *notes*, mais on le place simplement devant la *clef*; dès-lors tous les cɪ sont *bémolisés*, et le cɪ est appelé : *Radical*.

EXEMPLE :

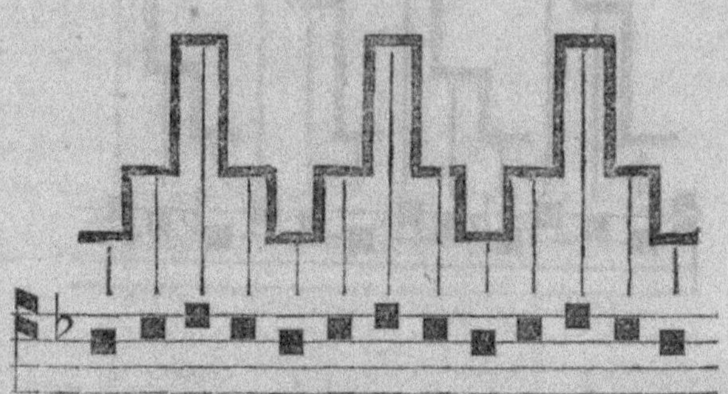

Mais lorsque le *bémol* n'est pas à la *clef*, il n'affecte que la *note* devant laquelle il est placé.

Le *dièze* produit un effet tout contraire à celui du *bémol*.

Placé devant une *note*, il indique que le *son* de cette *note* doit être élevé d'un *demi-ton*.

Il peut aussi se placer devant toutes les *notes* de la *gamme*, mais, en *plain-chant*, il n'affecte guère que le FA, le SOL et l'UT.

Il est toujours accidentel, c'est-à-dire qu'il se place toujours devant chacune des *notes* dont le *son* doit être élevé, et jamais à la *clef* comme je viens de le dire pour le *bémol*.

Du FA *naturel* au SOL il y a un *ton*, mais du FA *dièze* au SOL, il n'y a plus qu'un *demi-ton*, comme aussi du MI au FA *dièze* il y a un *ton*, bien que du MI au FA *naturel* il n'y ait qu'un *demi-ton*.

EXEMPLE :

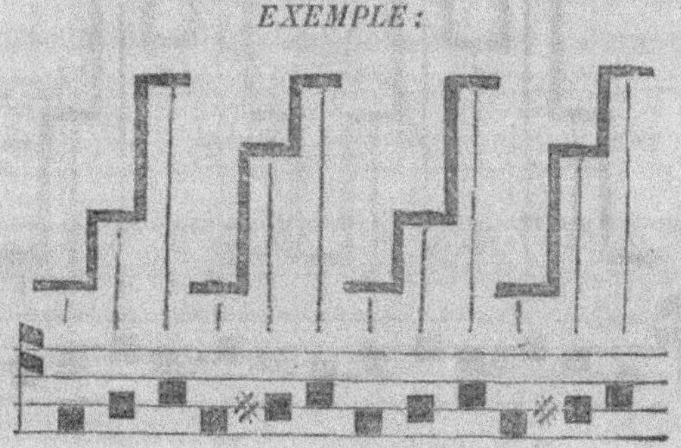

Du SOL au FA *naturel* il y a un *ton*, mais du SOL au FA *dièze* il n'y a qu'un *demi-ton*.

EXEMPLE :

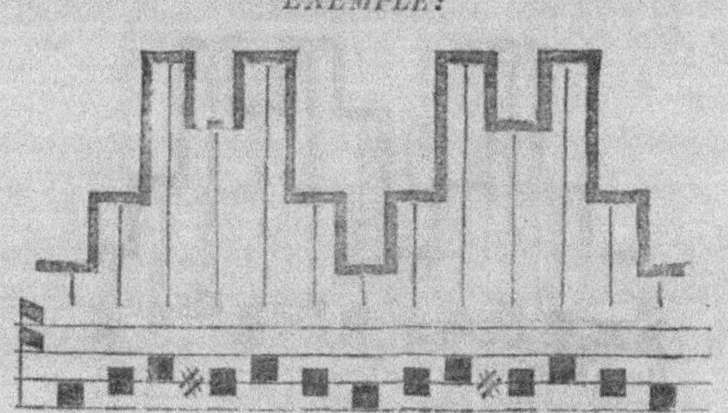

Il en est de même du LA au SOL; du LA au SOL *naturel* il y a un *ton*, tandis que du LA au SOL *dièze* il n'y a qu'un *demi-ton*.

EXEMPLE :

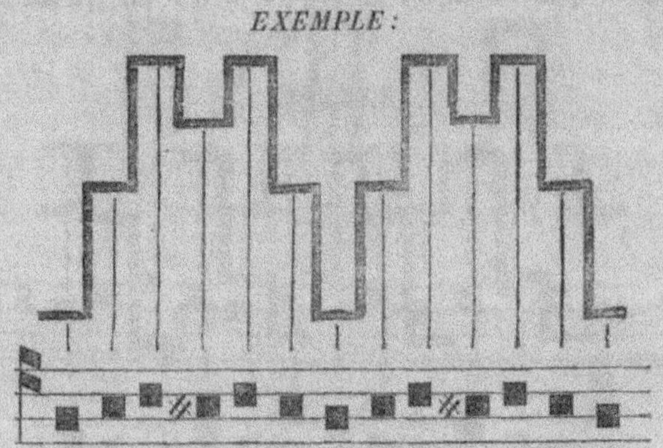

Du CI *naturel* à l'UT *naturel* il y a un *demi-ton*, et de l'UT *naturel* au RÉ il y a un *ton*; mais l'UT étant *dièze* il y a un *ton* entre le CI et l'UT et un *demi-ton* entre l'UT et le RÉ.

EXEMPLE :

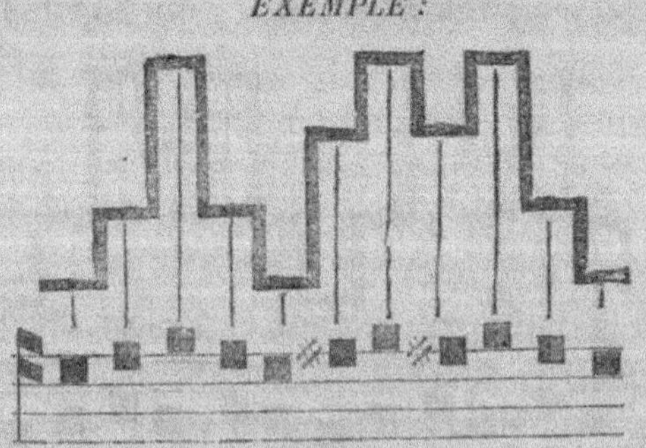

Le *bécarre* indique que la *note* devant laquelle il est placé, doit être rétablie dans le *son* qu'elle a en *gamme* naturelle.

Il n'est guère employé que lorsque le *bémol* est radical, c'est-à-dire à la *clef*, puisque, hors ce cas, il suffit de ne placer devant la *note* ni *bémol* ni *dièze* pour que sa valeur naturelle lui soit conservée.

Cependant, dans certains livres de *chants*, il a été admis que le *dièze* et le *bémol* accidentels rendaient *dièzes* ou *bémols* toutes les *notes* semblables jusqu'à la fin d'une *portée*, il peut donc arriver, mes enfants, que vous trouviez sur ces livres des *bécarres* ayant pour but d'annuler des *bémols* ou des *dièzes* accidentels. L'usage vous l'apprendra.

Le *bécarre*, en règle plus généralement reçue, n'agit donc que sur la *note* qui le suit, toutes les autres *notes* de même nom rentrent, pour la valeur de *son*, sous la direction du *bémol* radical qui les gouverne.

EXEMPLE :

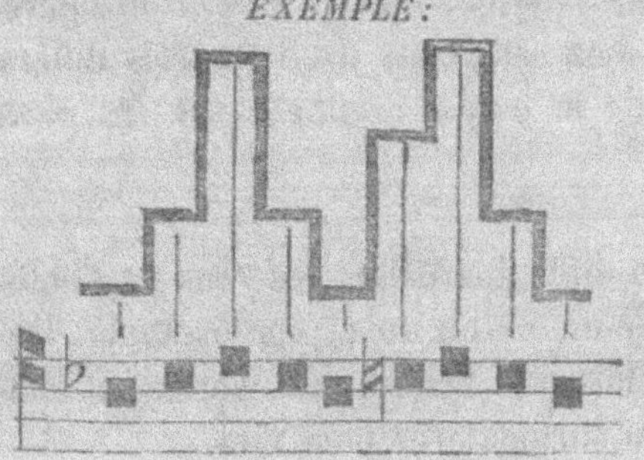

Dans les *notes* ci-dessus, mes enfants, tous les ut sont *bémols*, excepté celui devant lequel se trouve le *bécarre*; celui-là se trouve *naturel*; entre cette *note* et le la qui le précède, il y a donc un *ton*, et un *demi-ton* seulement entre elle et l'ut suivant.

—◦—

XVI

Clef de FA.

Si vous vous reportez, mes enfants, à la figure H *(page 51)*, vous y voyez d'un seul coup d'œil les trois différentes positions que les *notes* de la *gamme* prennent sur les *portées*, sous telle ou telle *clef*.

Il y a là une difficulté réelle; les yeux ne s'habituent pas bien aisément à voir un ut ou un fa par exemple, là où ils voyaient un la, etc.; mais avec beaucoup d'exercice et toute votre bonne volonté vous la surmonterez bien vite.

Pour l'étude de la position des *notes* sous *clef* de FA , je vous ferai suivre la même marche que pour la *clef* que vous venez d'étudier.

Je commence donc par quelques *notes* jetées çà et là.

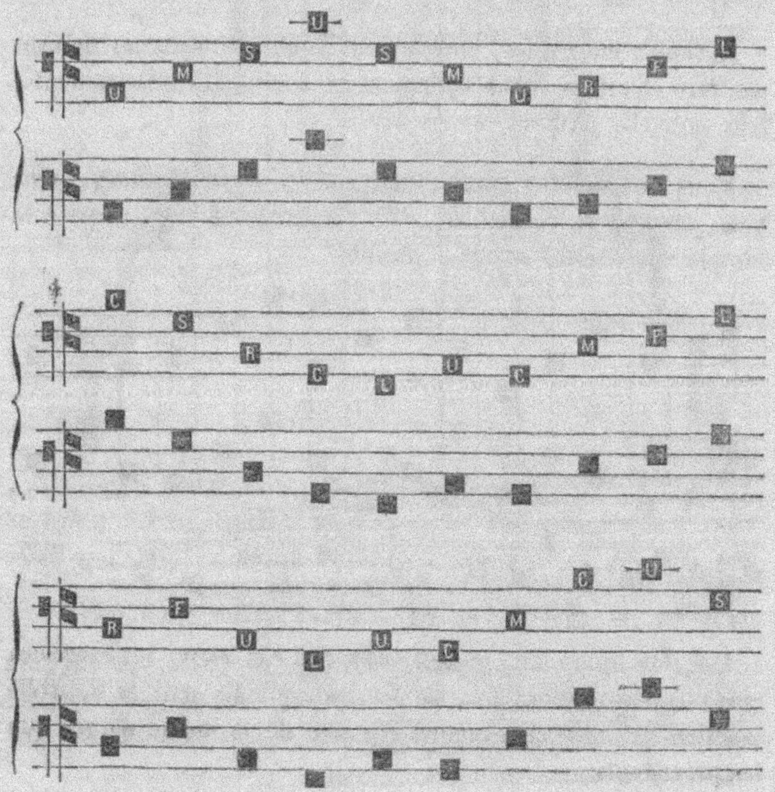

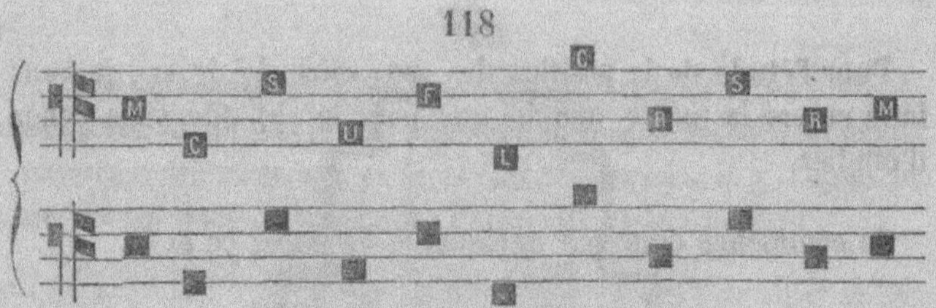

Je répète encore ici, mes enfants, que ces *notes* ne doivent pas être chantées, mais seulement bien étudiées relativement à leur nouvelle position sur les *portées*.

Vous continuerez cette étude sur les *notes* suivantes, pour vous assurer si réellement vous reconnaissez leurs noms à la simple vue de leur nouvelle position.

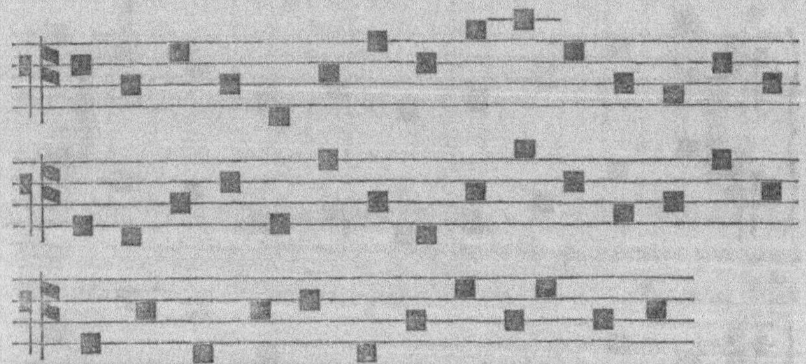

Une fois que vous saurez bien lire ces *notes*, les exercices suivants vous seront très faciles, puisque, à part la nouvelle position des *notes* elles-mêmes, ils sont de la même nature que les précédents.

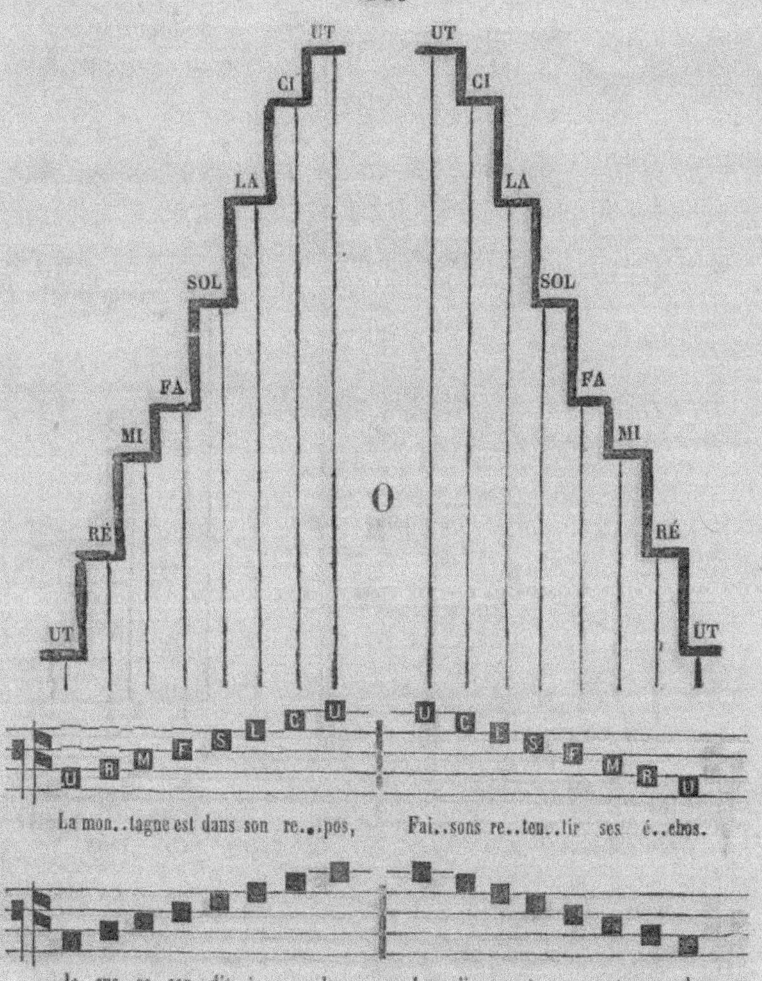

UT
UT
CI
CI
LA
LA
SOL
SOL
FA
FA
MI
MI
RÉ
RÉ
O
UT
UT
La mon..tagne est dans son re...pos,
Fai..sons re..ten..tir ses é..chos.
Je..sus as..cen..dit in cœ..lum,
Ju...di...ca..tu..rus est mun..dum.

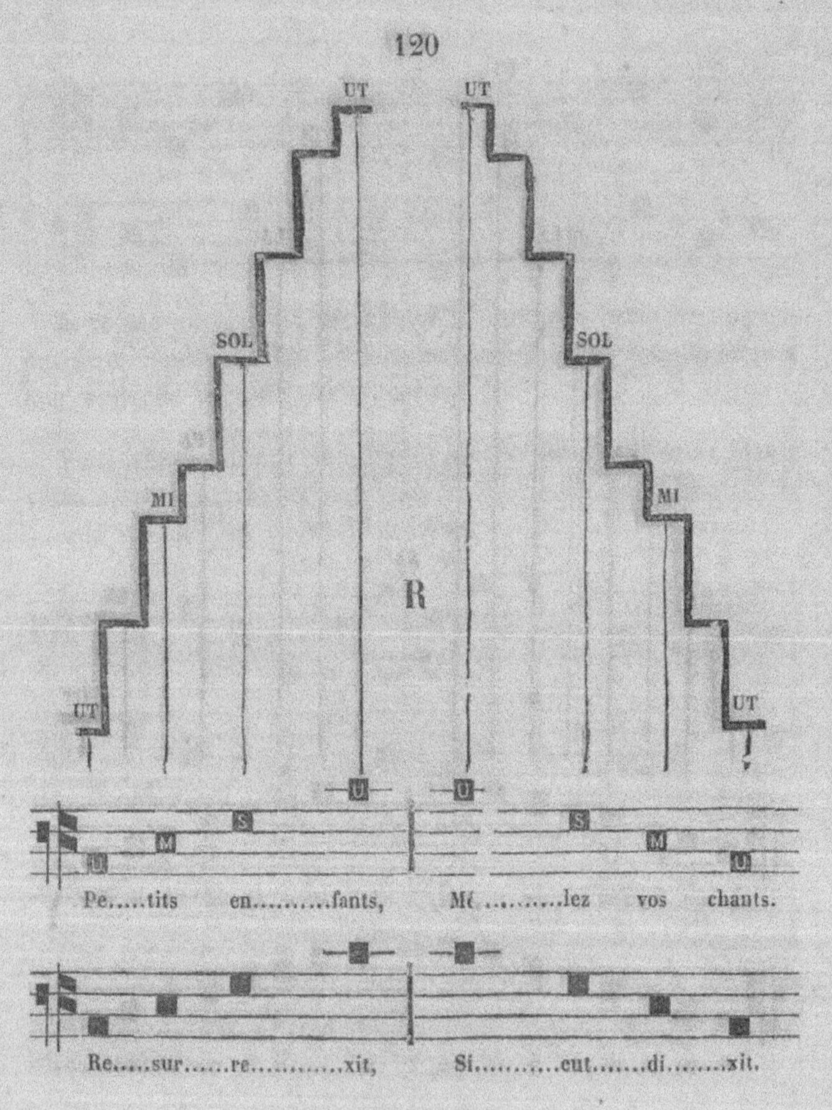

UT
UT
SOL
SOL
MI
MI
UT
UT
R
Pe.....tits   en..........fants,
Mê...........lez   vos   chants.
Re.....sur......re...........xit,
Si............cut.......di........xit.

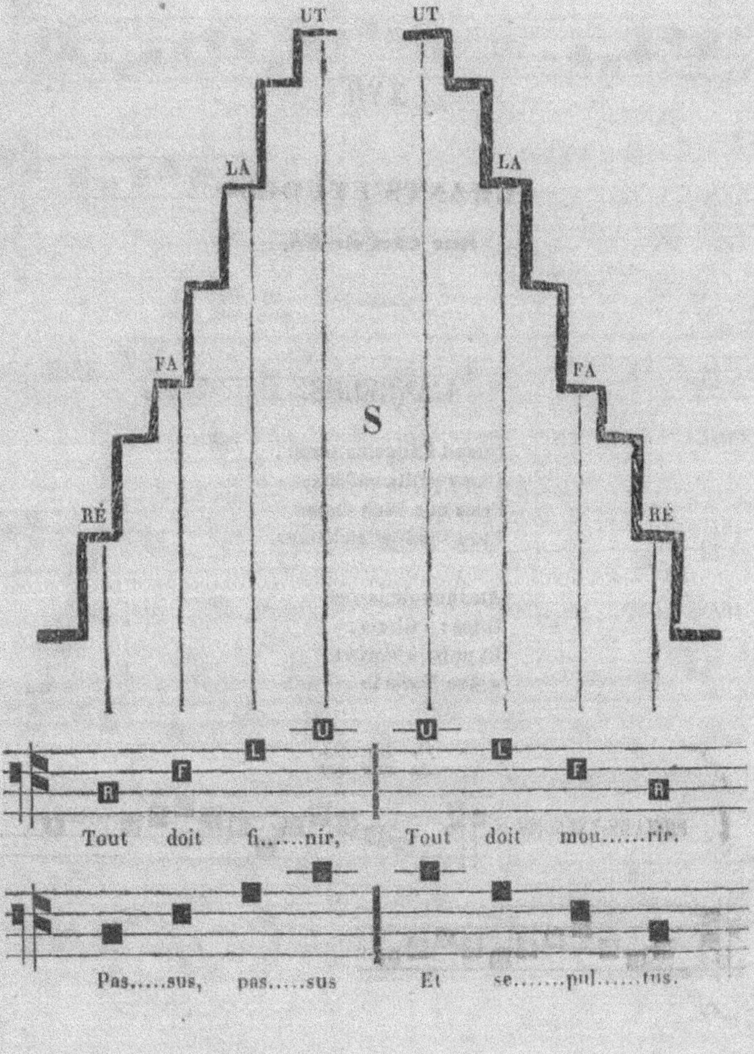

UT
UT
LA
LA
FA
FA
S
RÉ
RÉ
U
U
L
L
F
F
R
R
Tout doit fi......nir,   Tout doit mou......rir.
Pas.....sus, pas.....sus   Et se.......pul.....tus.

XVII

CHANTS-ÉTUDES

Sur Clef de FA.

———

L'ANGELUS.

Quand l'Angelus sonne,
Chers petits enfants,
Priez que Dieu donne
Beau soleil aux champs.

Au Dieu de la vie
Dites : « Gloria ; »
Et puis, à Marie :
« Ave Maria ! »

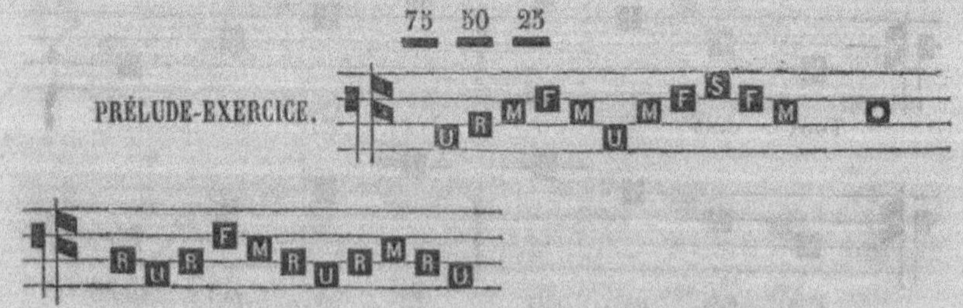

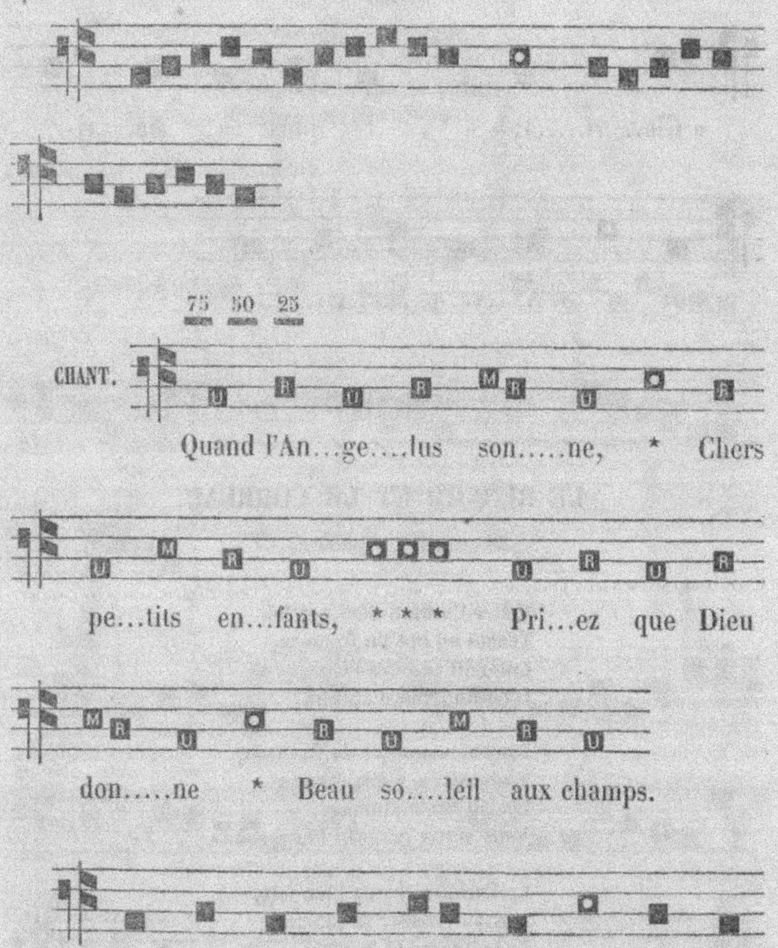
75 50 25
CHANT.
Quand l'An...ge....lus son.....ne, * Chers
pe...tits en...fants, * * * Pri...ez que Dieu
don.....ne * Beau so....leil aux champs.
Au Dieu de la vi........e * Di....tes :

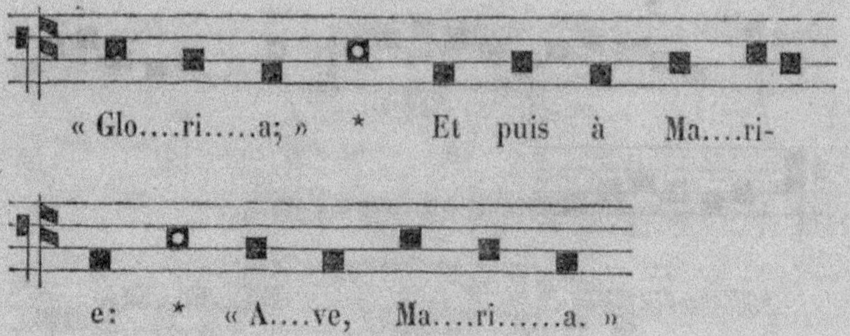

LE RENARD ET LE CORBEAU.

(Imité de LA FONTAINE.)

Maître Corbeau bien perché,
Tenant au bec un fromage,
Entendit ce beau langage
D'un fin Renard alléché :

« Bonjour monsieur du Corbeau,
Vraiment, si votre ramage
Égalait votre plumage,
Vous seriez corbeau tout beau. »

Le Corbeau chanta bien fort,
Laissant tomber sa pitance,
Et le Renard fit bombance
Sans peine et sans grand effort.

Méfiez-vous des flatteurs,
Race de valeur bien mince ;
Tel qui caresse vous pince
Pour rire de vos douleurs.

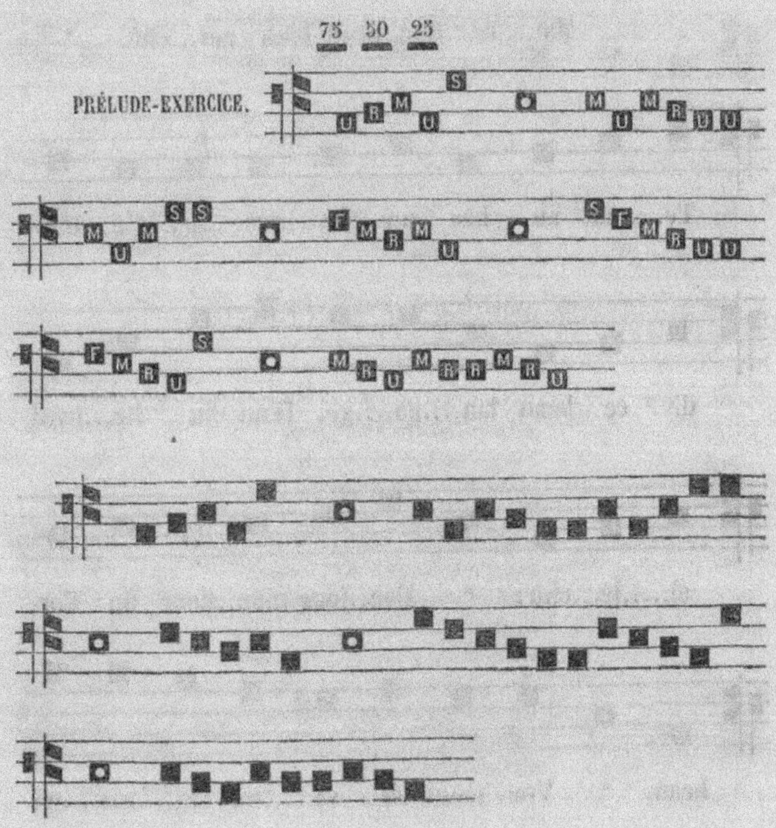

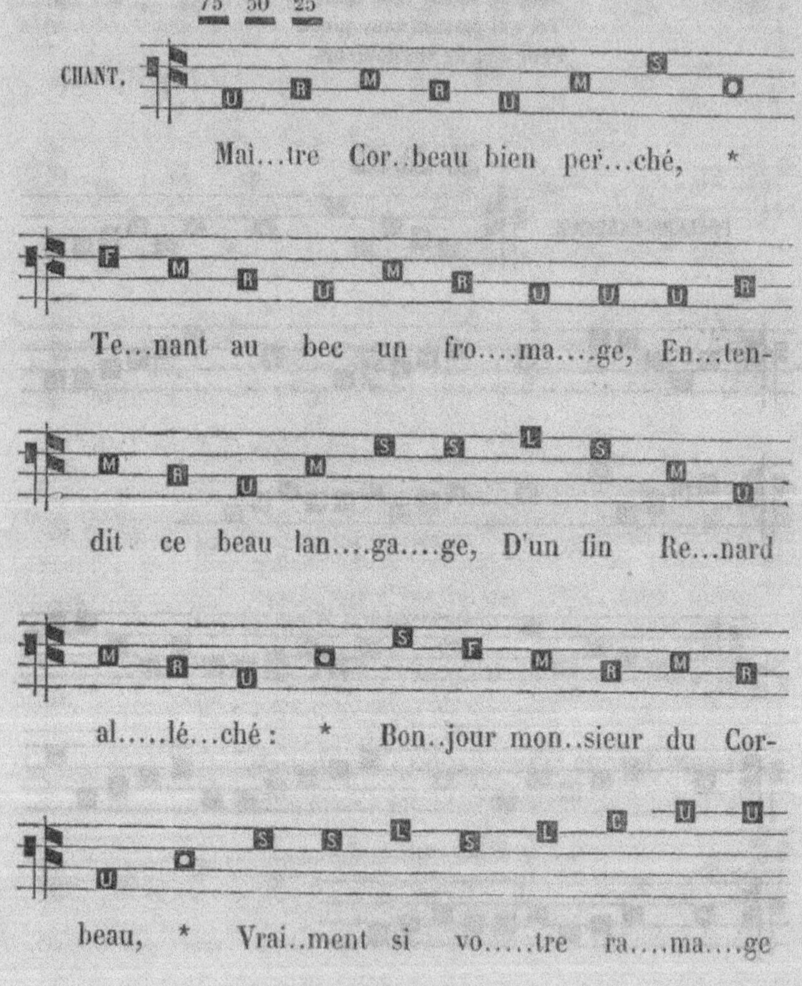

75 50 25
CHANT.
Maî...tre Cor..beau bien per...ché, *
Te...nant au bec un fro....ma....ge, En...ten-
dit ce beau lan....ga....ge, D'un fin Re...nard
al.....lé...ché : * Bon..jour mon..sieur du Corbeau, * Vrai..ment si vo.....tre ra....ma....ge

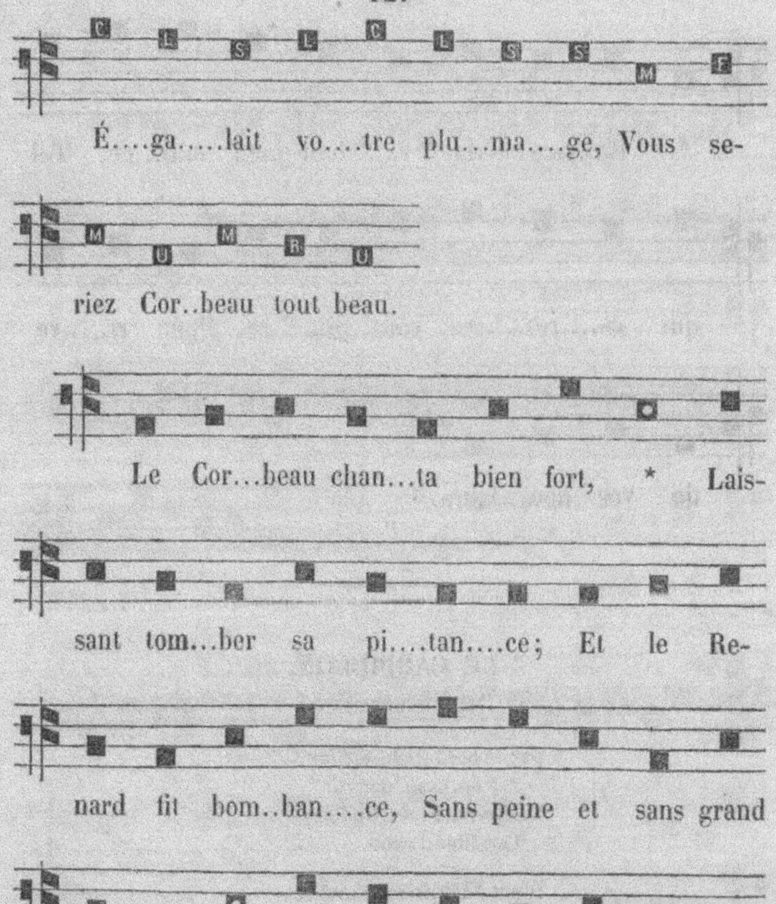

É....ga.....lait vo....tre plu...ma....ge, Vous seriez Cor..beau tout beau.
Le Cor...beau chan...ta bien fort, * Laissant tom...ber sa pi....tan....ce; Et le Renard fit bom..ban....ce, Sans peine et sans grand
ef....fort. * Mé...fi.....ez....vous des flat..teurs.

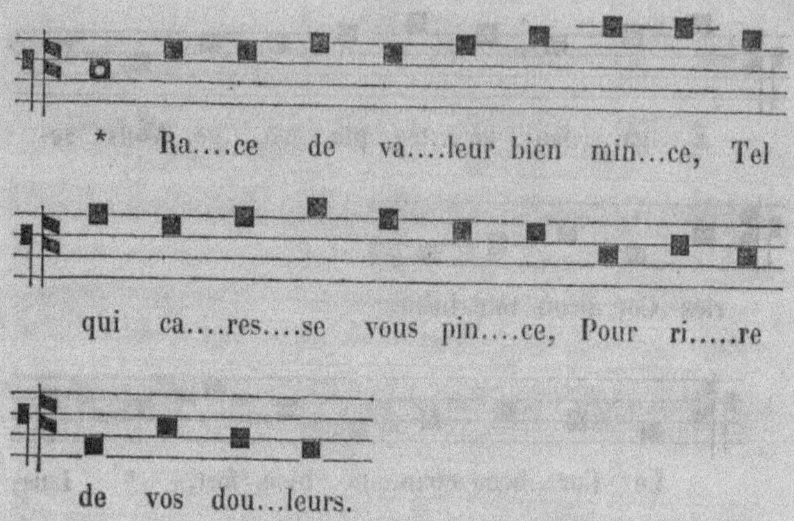

LE CARPILLON.

(Imité de LA FONTAINE.)

Sur le bord d'une rivière,
Par un beau matin,
Fut pris par messire Pierre
Carpillon-Fretin.

Il eut beau faire et se dire
Poisson trop petit,
Le soir dans la poële à frire
Carpillon fut frit.

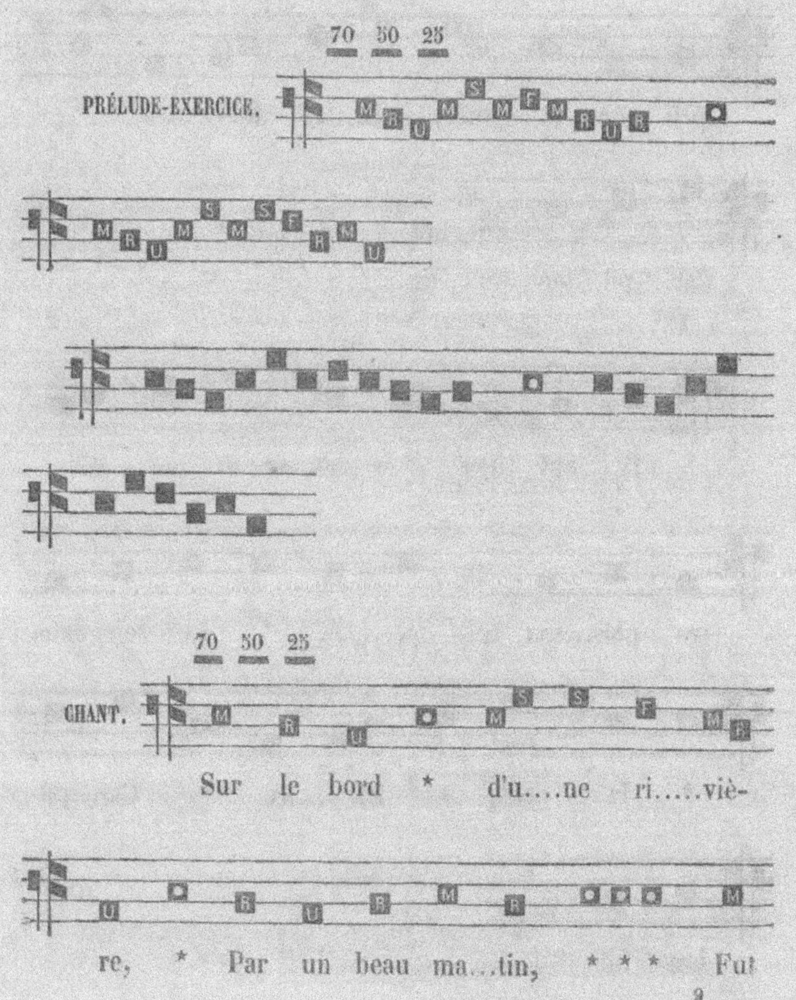
70 50 25
PRÉLUDE-EXERCICE,
70 50 25
CHANT.
Sur le bord * d'u....ne ri.....viè-
re, * Par un beau ma...tin, * * * Fut

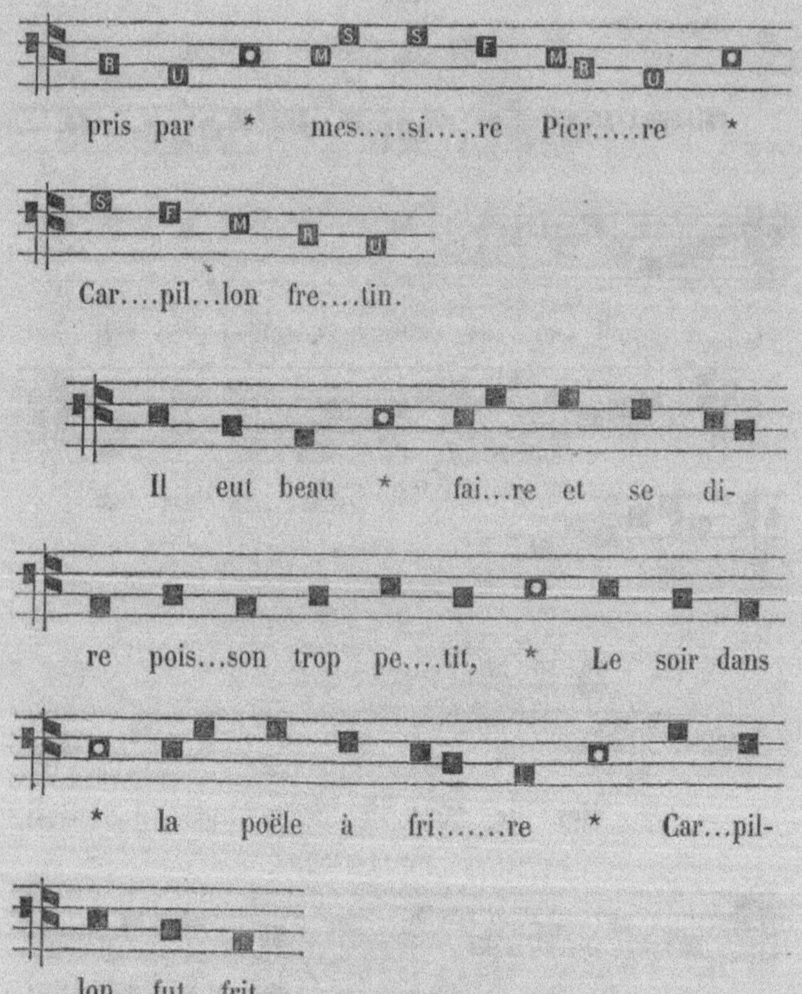
pris par * mes.....si.....re Pier.....re *
Car....pil...lon fre....tin.
Il eut beau * fai...re et se di-
re pois...son trop pe....tit, * Le soir dans
* la poële à fri.......re * Car...pil-
lon fut frit.

LE RAT ET L'ÉLÉPHANT.

(Imité de La Fontaine.)

Un beau jour de promenade,
Le Rat vit un Éléphant,
Et dit à son camarade :
« Vois comme il fait l'important.

Il est bien fier de sa masse,
Et marche en vrai triomphant ;
Mais occuper plus de place
Est-ce donc être puissant.

Insensés, vous tous bons hommes,
Vous admirez l'Éléphant ;
Et, petits Rats que nous sommes,
Nous valons bien tout autant. »

Il en eût dit davantage,
Mais un Chat, au même instant,
Vint lui prouver, sans langage,
Qu'un Rat n'est pas l'Éléphant.

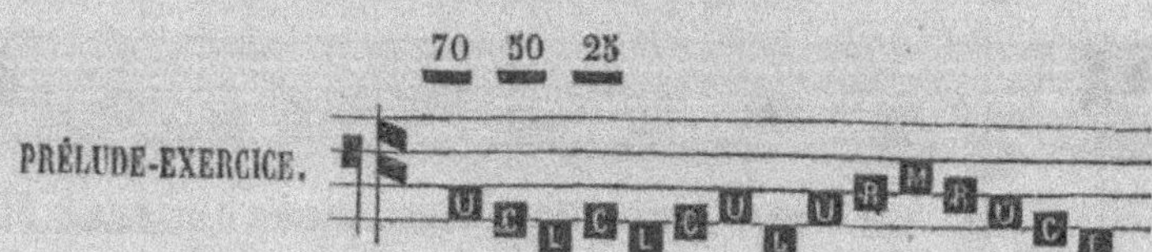

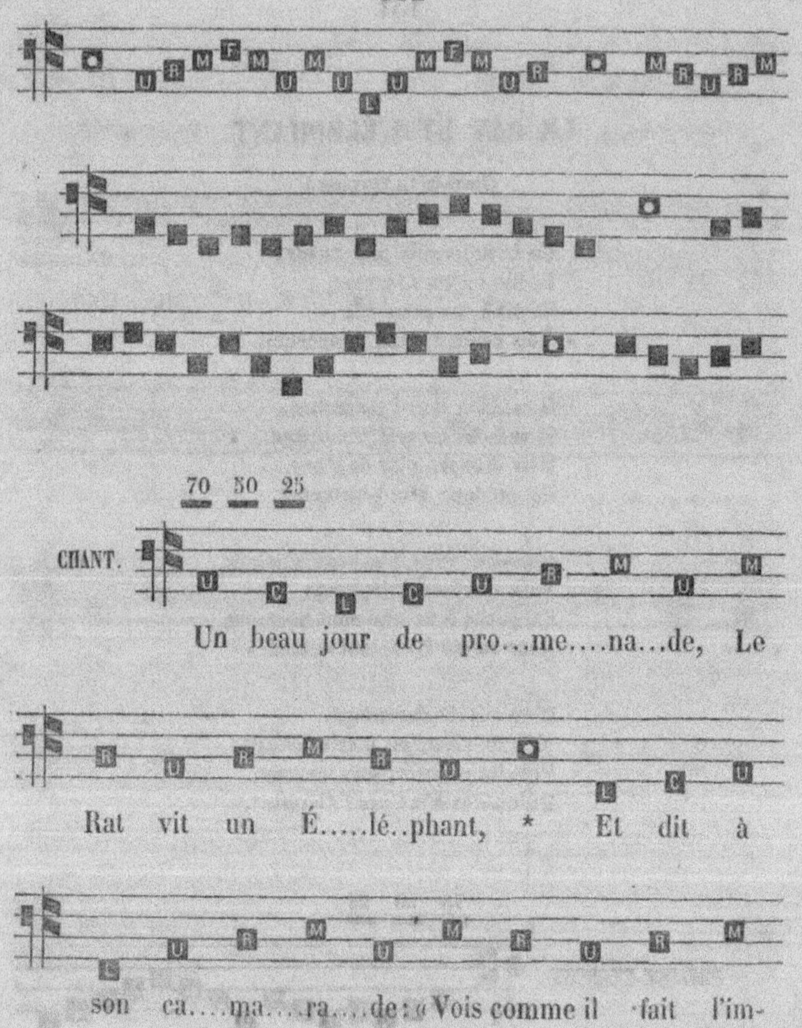
Un beau jour de pro...me....na...de, Le
Rat vit un É.....lé..phant, * Et dit à
son ca....ma....ra....de: «Vois comme il fait l'im-

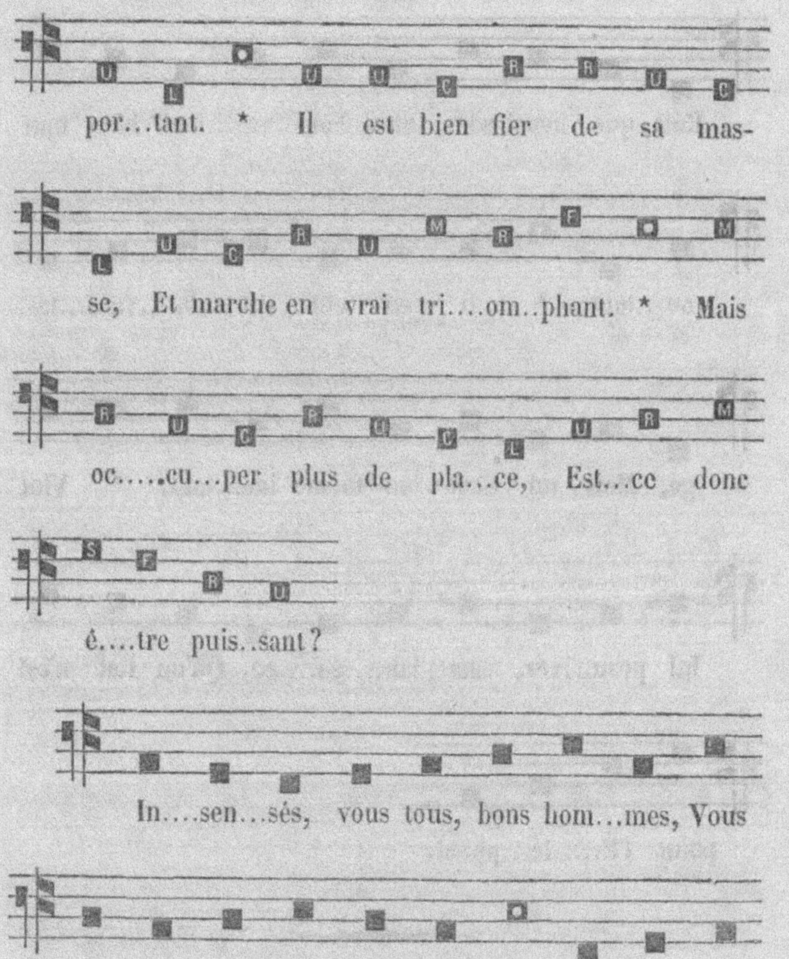
por...tant. * Il est bien fier de sa mas-
se, Et marche en vrai tri....om..phant. * Mais
oc.....cu...per plus de pla...ce, Est...ce donc
é....tre puis..sant?
In....sen...sés, vous tous, bons hom...mes, Vous
ad....mi....rez l'É.....lè..phant, * Et pe....tits

Rats que nous som...mes, Nous va....lons bien tout
au...tant. » * Il en eût dit da....van....ta-
ge, Mais un Chat au même ins...tant, * Vint
lui prou...ver, sans lan....ga....ge, Qu'un Rat n'est
point l'É.....lé...phant.

LE DÉPART.

Déjà de l'étoile
Scintillent les feux ;
Poussons notre voile,
Cherchons d'autres cieux.

Adieu bonne mère,
Nous viendrons un jour,
Dans notre chaumière,
Chanter le retour.

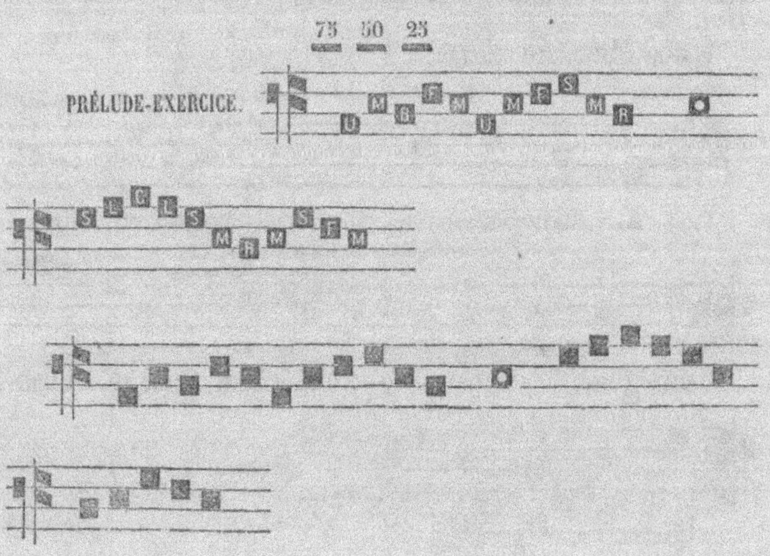

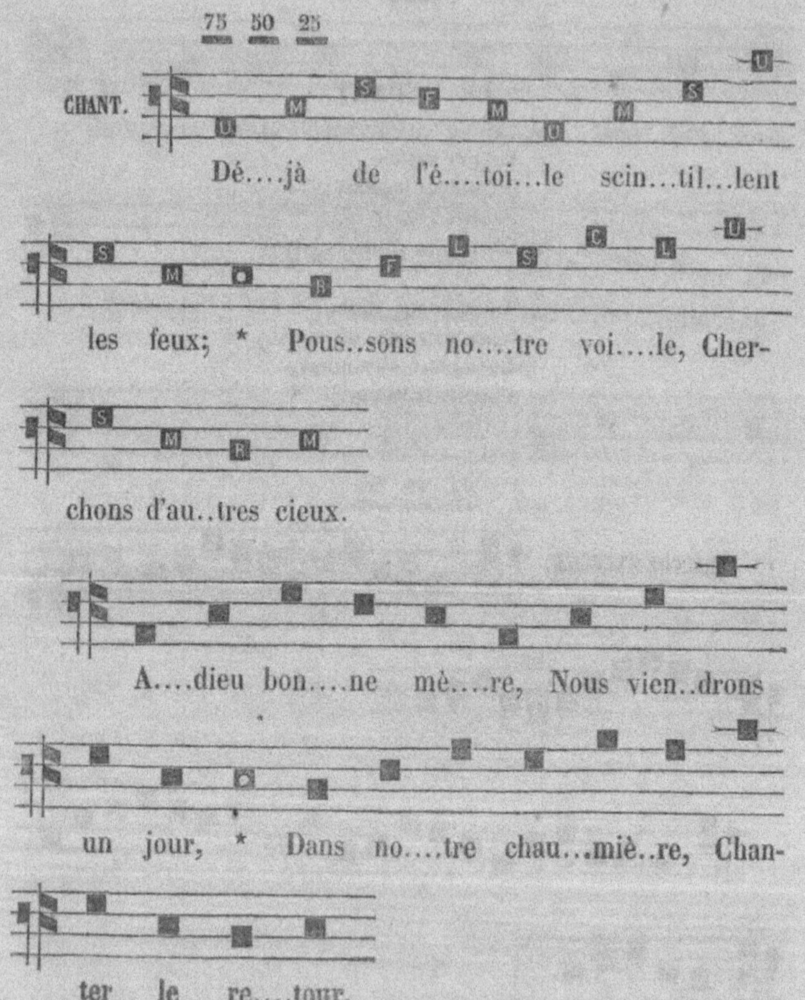
75 50 25
CHANT.
Dé....jà   de   l'é....toi...le   scin...til...lent
les   feux;   *   Pous..sons   no....tre   voi....le,   Cherchons d'au..tres cieux.
A....dieu bon....ne mè....re, Nous vien..drons
un   jour,   *   Dans   no....tre   chau...miè..re,   Chanter   le   re....tour.

LE VER-LUISANT.

C'est lorsque la nuit est bien sombre
Qu'il se promène quelquefois,
Tout le long des sentiers sans nombre,
Allant se perdre au sein des bois.

C'est Dieu qui le mit comme un phare
Éclairant un petit lointain ;
Et tout insecte qui s'égare
Par lui retrouve son chemin.

Qu'il est beau le feu qui scintille
Sur ton corps, petit ver-luisant,
Beau comme l'étoile qui brille
Dans la plaine du firmament.

Oui, sur la mousse et la bruyère,
A la nuit, quand tu te fais voir,
On croirait que le Ciel sur terre
Laisse des étoiles pleuvoir.

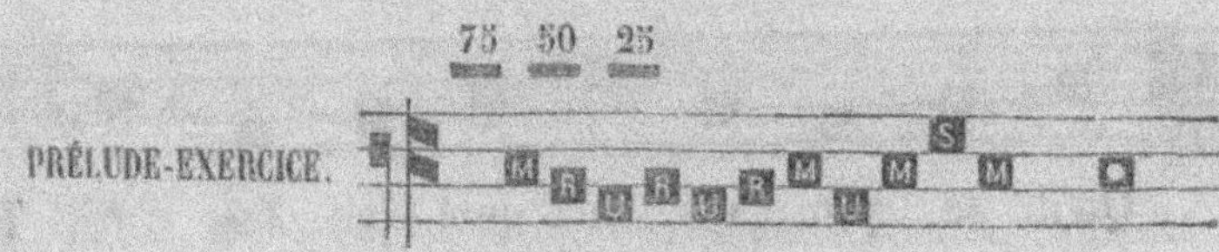

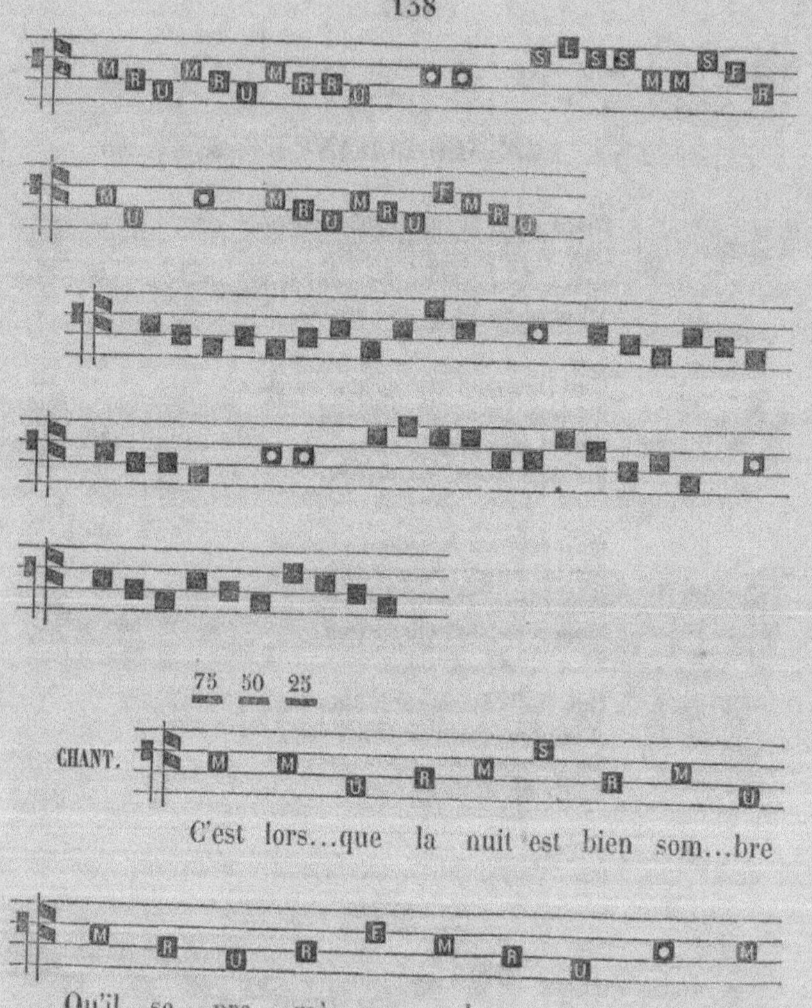
75 50 25
CHANT.
C'est lors...que la nuit est bien som...bre
Qu'il se pro....mè...ne quel..que...fois * Tout

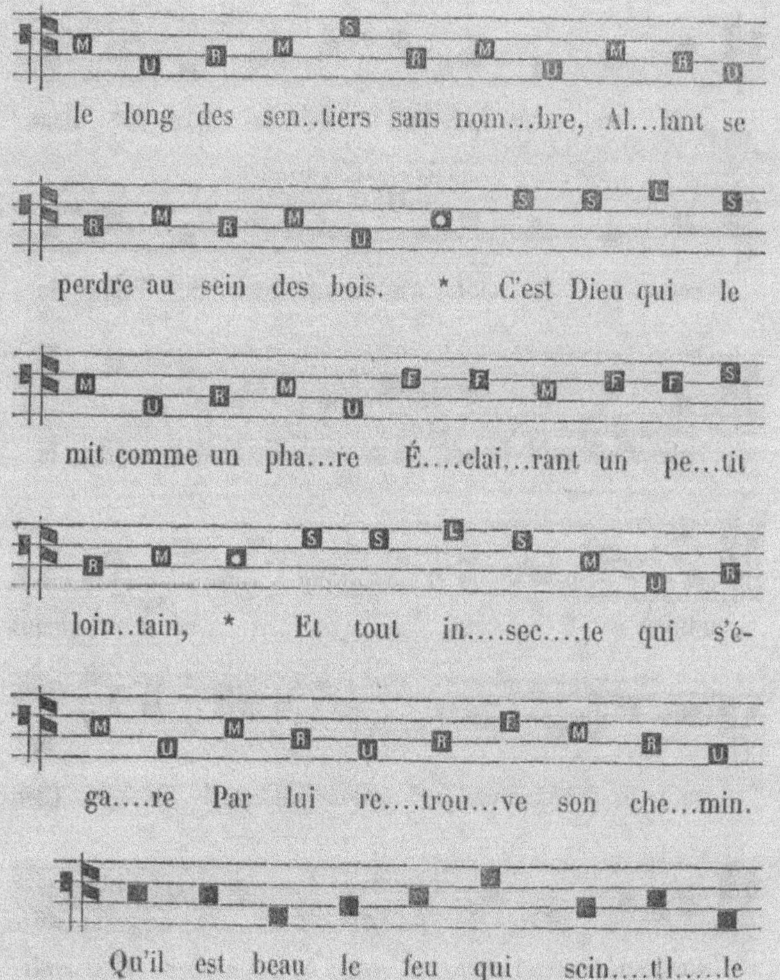
le long des sen..tiers sans nom...bre, Al...lant se
perdre au sein des bois. * C'est Dieu qui le
mit comme un pha...re É....clai...rant un pe...tit
loin..tain, * Et tout in....sec....te qui s'é-
ga....re Par lui re....trou...ve son che..min.
Qu'il est beau le feu qui scin....til.....le

Sur ton corps pe....tit Ver lui...sant, * Beau
com...me l'é....toi.....le qui bril....le Dans la
plai...ne du fir....ma..ment. * Oui, sur la
mousse et la bruy....è.....re, A la nuit, quand
tu te fais voir, * On di...rait que le Ciel
sur ter....re Lais....se des é....toi...les pleu..voir.

AVE VERUM.

Ave verum Corpus natum
De Maria Virgine ;
Esto nobis præustatum
Mortis in examine ;
Jesu dulce miserere nobis.

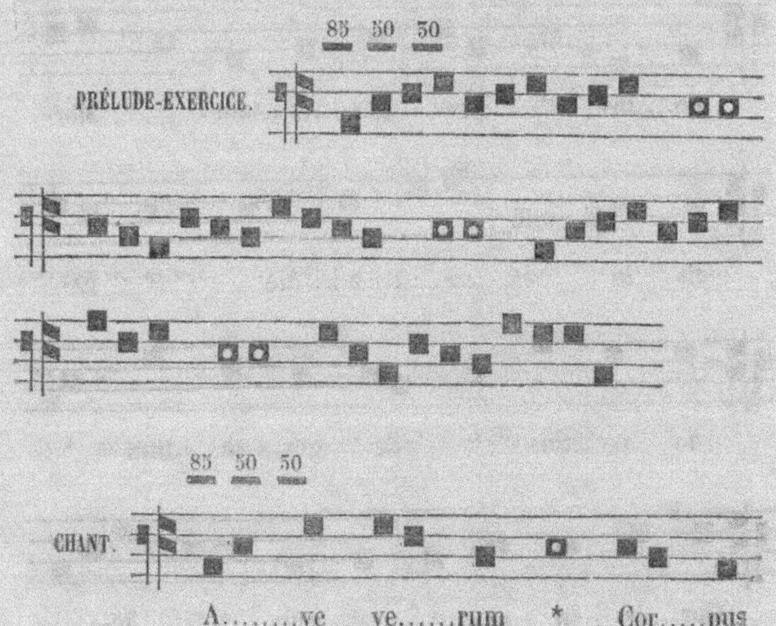

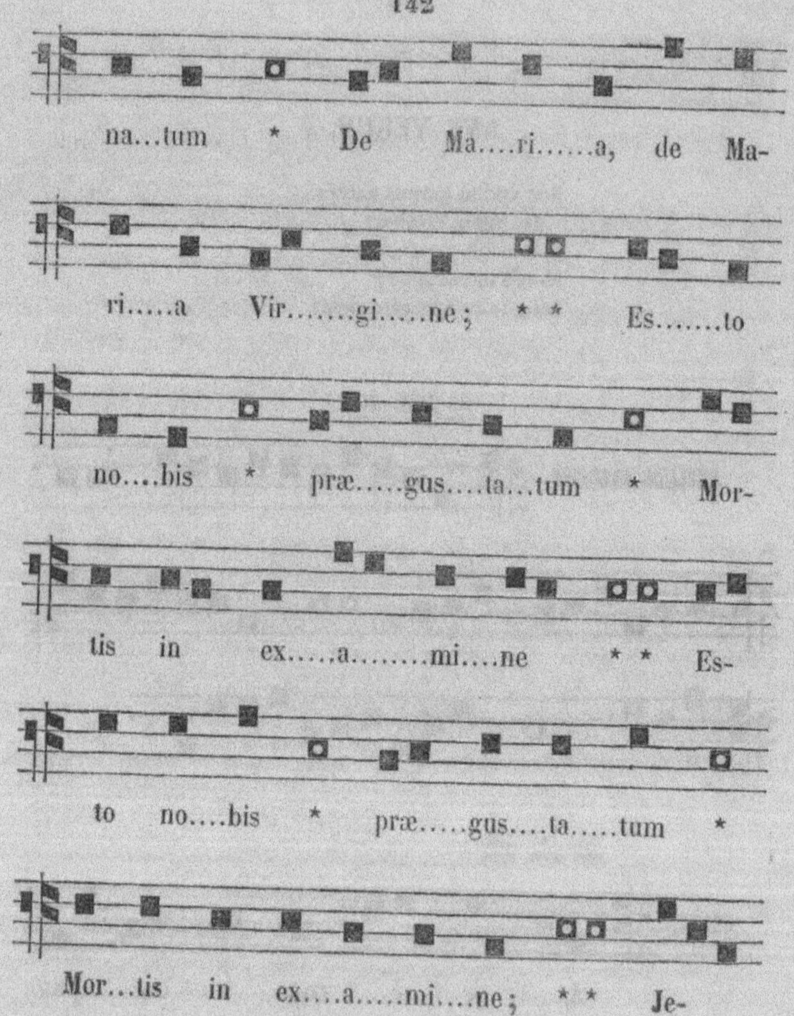
na...tum   *   De   Ma....ri......a,   de Ma-
ri.....a   Vir......gi.....ne ;   * *   Es.......to
no....bis   *   præ.....gus....ta...tum   *   Mortis   in   ex....a........mi....ne   * *   Esto   no....bis   *   præ.....gus....ta.....tum   *
Mor...tis   in   ex....a.....mi....ne ;   * *   Je-

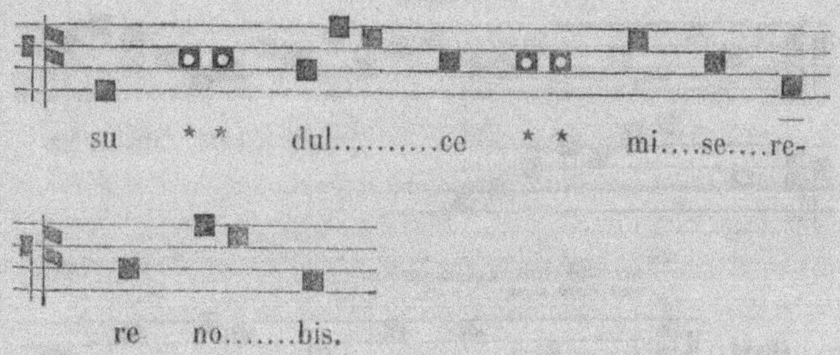

ADORO TE SUPPLEX.

(Liturgie lyonnaise.)

Adoro te supplex latens deitas
Quæ sub his figuris verè latitas
Tibi se cor meum totum subjicit
Quia te contemplans totum defecit.

PRÉLUDE-EXERCICE.
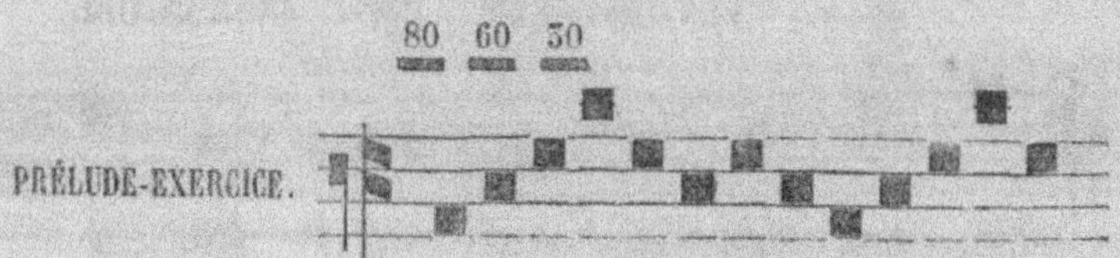

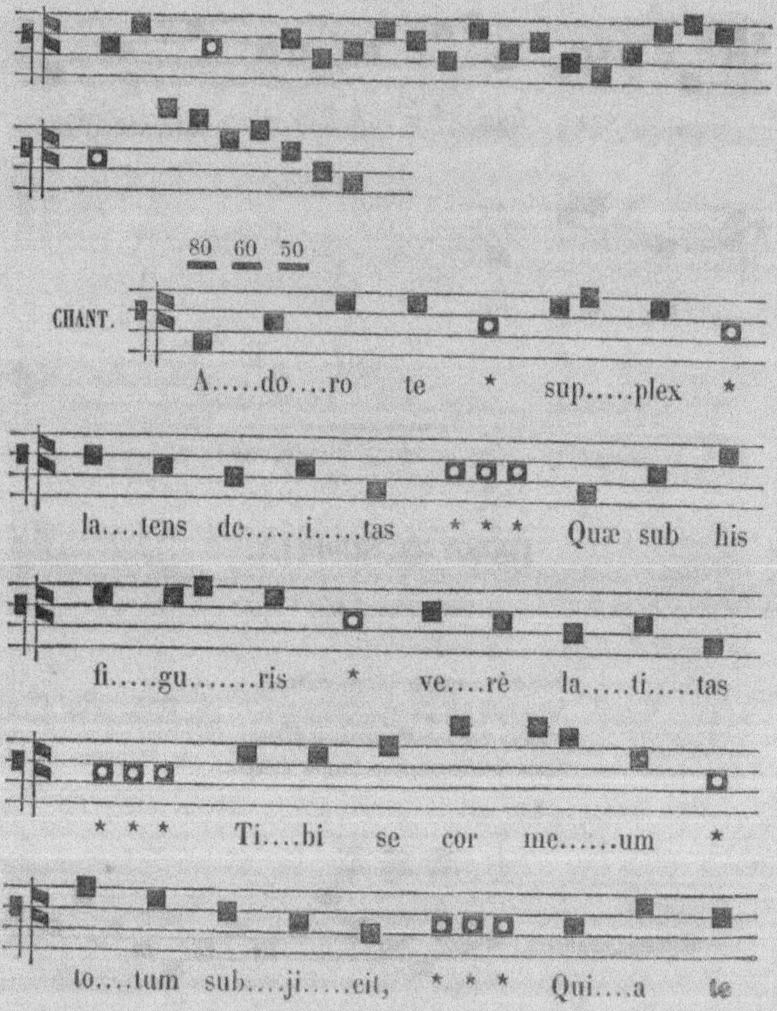

80 60 50
CHANT.
A.....do....ro te * sup.....plex *
la....tens de......i.....tas * * * Quæ sub his
fi.....gu.......ris * ve....rè la.....ti.....tas
* * * Ti....bi se cor me......um *
to....tum sub...ji.....cit, * * * Qui....a te

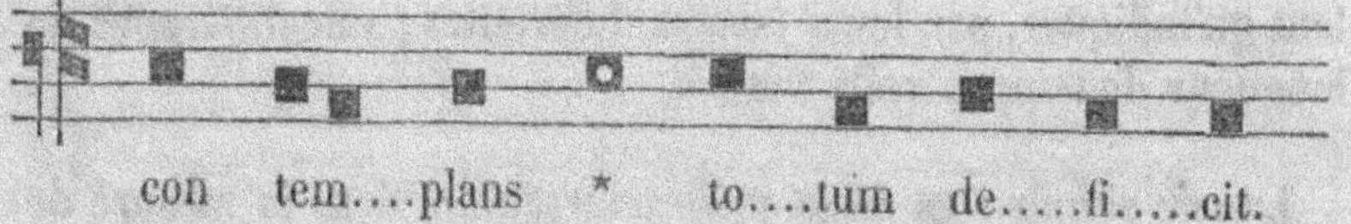

XVIII

Notes longues, Notes doubles, Notes brèves.

Mes enfants, entre l'étude de la *clef* d'UT 1re et l'étude de la *clef* de FA, je vous ai parlé du *bémol*, du *dièze* et du *bécarre* pour donner à vos yeux, autant qu'à votre esprit, le repos que fait naître la diversion et le changement.

Dans le même but, entre l'étude de la *clef* de FA et celle de la *clef* d'UT 2me, je vais vous parler des notes : *longue*, *double* et *brève*.

Dans ces trois *notes*, rien n'est changé quant au *son* ; elles ne font qu'indiquer, par leurs formes différentes, une différence de longueur de temps, voilà tout.

La *note* simple : 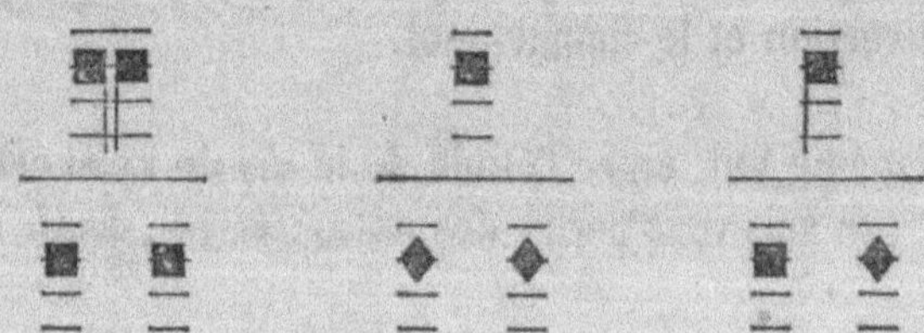 étant prise pour l'unité dans la mesure de temps, la valeur de ces trois *notes* est fixée ainsi :

La brève ne vaut que la moitié de la simple; donc il faut deux brèves pour remplir l'intervalle de temps occupé par la simple.

La double vaut deux simples; donc elle occupe deux fois le temps d'une simple.

La longue vaut un peu plus que la simple, un peu moins que la double; elle est égale à une simple augmentée d'une brève.

Représentées en *notes*, ces trois valeurs donnent :

La *note* simple valant, en durée de temps, un coup du pendule, la double en vaut deux, la longue un et demi, et la brève la moitié d'un, c'est-à-dire qu'il faut chanter deux brèves dans l'intervalle de temps qu'occupe une *note* simple.

Donc les *notes*

De........us   Do.....mi...nus   Do.....mi..nus.

Se chanteront dans la mesure suivante :

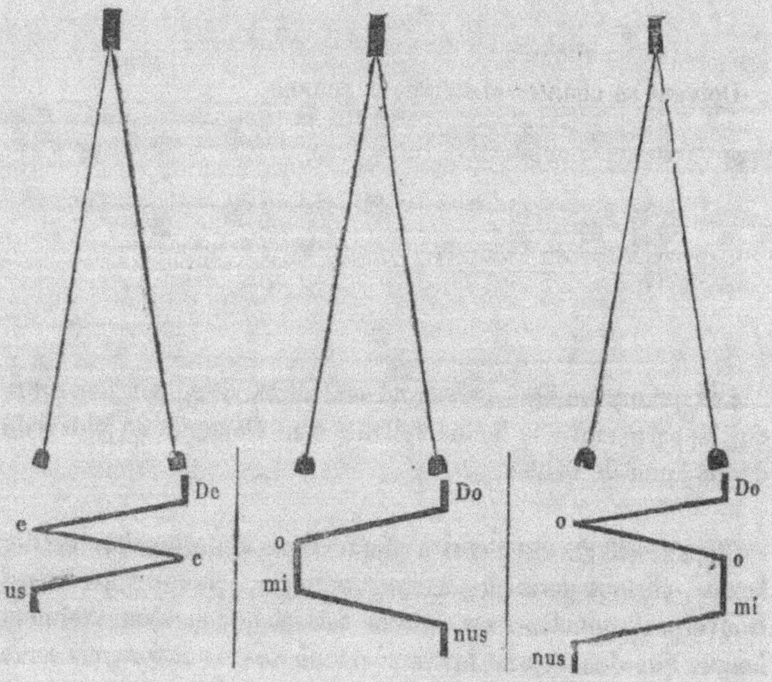

Il arrive cependant très souvent que la *note* longue n'a que la valeur de temps d'une *note* ordinaire ; cela a lieu toutes les fois que cette *note* ne se trouve pas devant une brève ; ainsi les *notes*

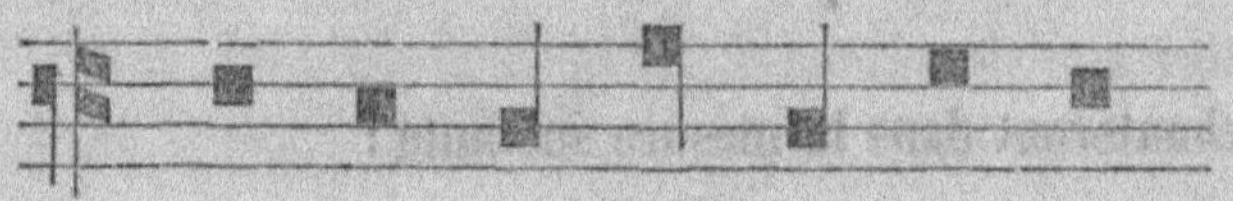

Doivent se chanter absolument comme

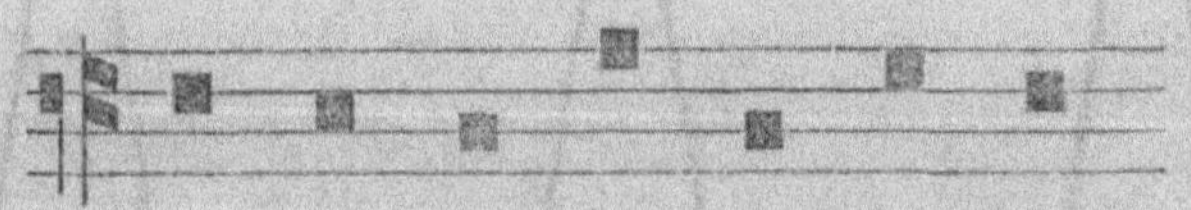

Les queues mises à la *note* ne sont alors que pour lier celles qui, appartenant à la même syllabe, sont éloignées de plus d'un degré l'une de l'autre.

Tous les livres de chant n'adoptent pas cette manière de lier la *note*, surtout parmi les nouveaux ; mais, lorsque vous la retrouverez, rappelez-vous que la *note* à queue n'est vraiment longue que devant une brève.

EXEMPLES :

La note double prend deux coups du pendule.

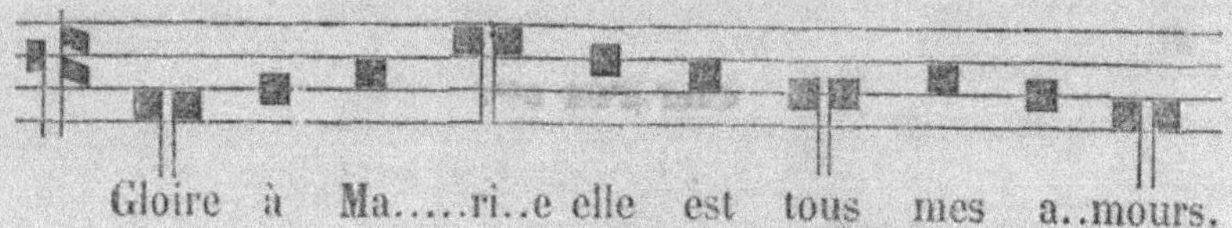

Deux brèves dans un coup du pendule.

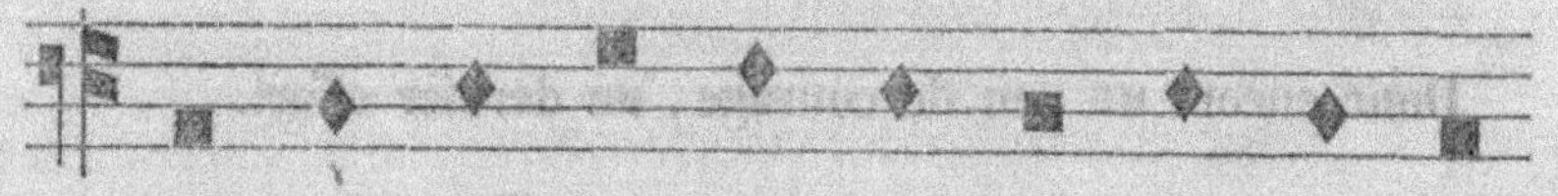

La note longue prend un coup et demi du pendule.

Quelques éditeurs n'ont employé dans leurs éditions de chant liturgique que deux espèces de *notes*, la simple et la brève, mettant alors une simple et une brève pour une longue, et deux simples pour une double queutée.

XIX

Clef d'UT 2ᵐᵉ.

Mes enfants, nous avançons vers la fin de nos études de *plain-chant*, puisque nous voilà arrivés à celle de la *clef* d'UT 2ᵐᵉ, qui est celle de la troisième position des *notes* sur les *portées*.

Donc encore un peu de courage, un dernier effort.

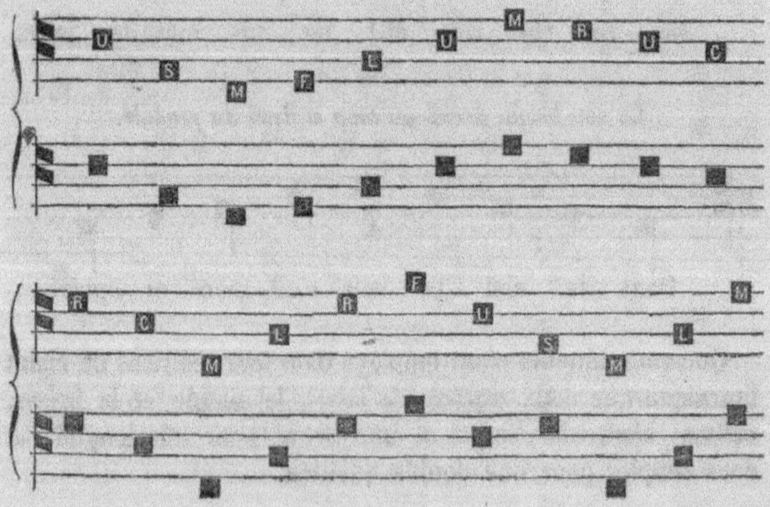

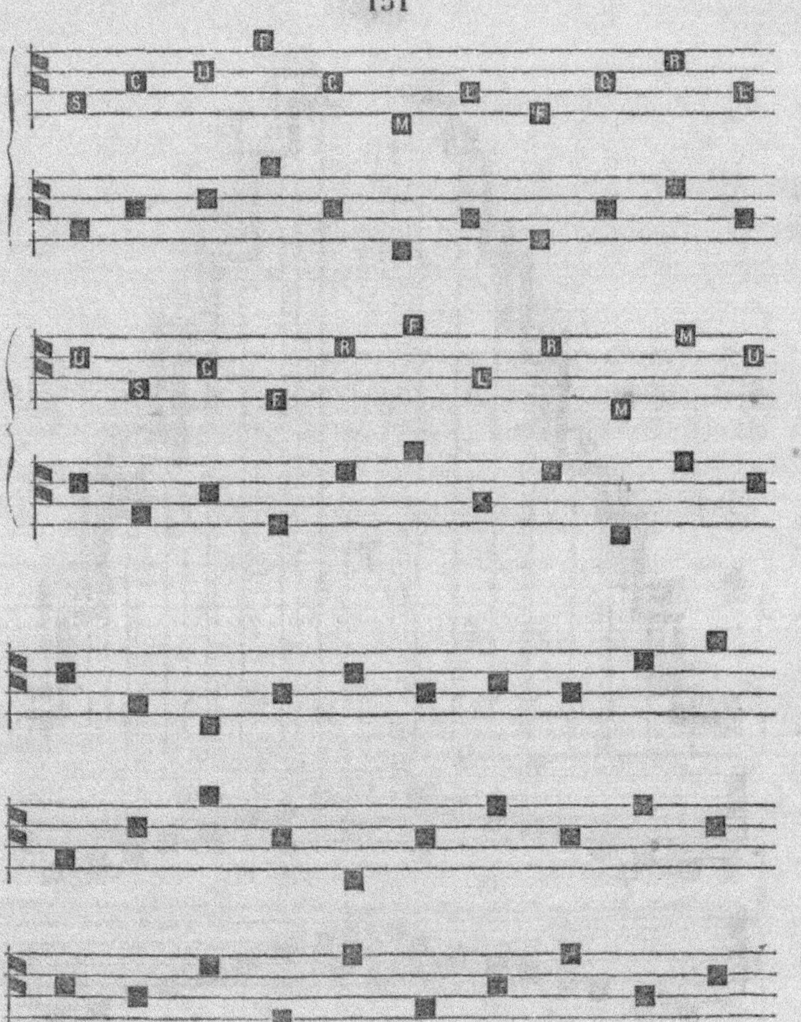

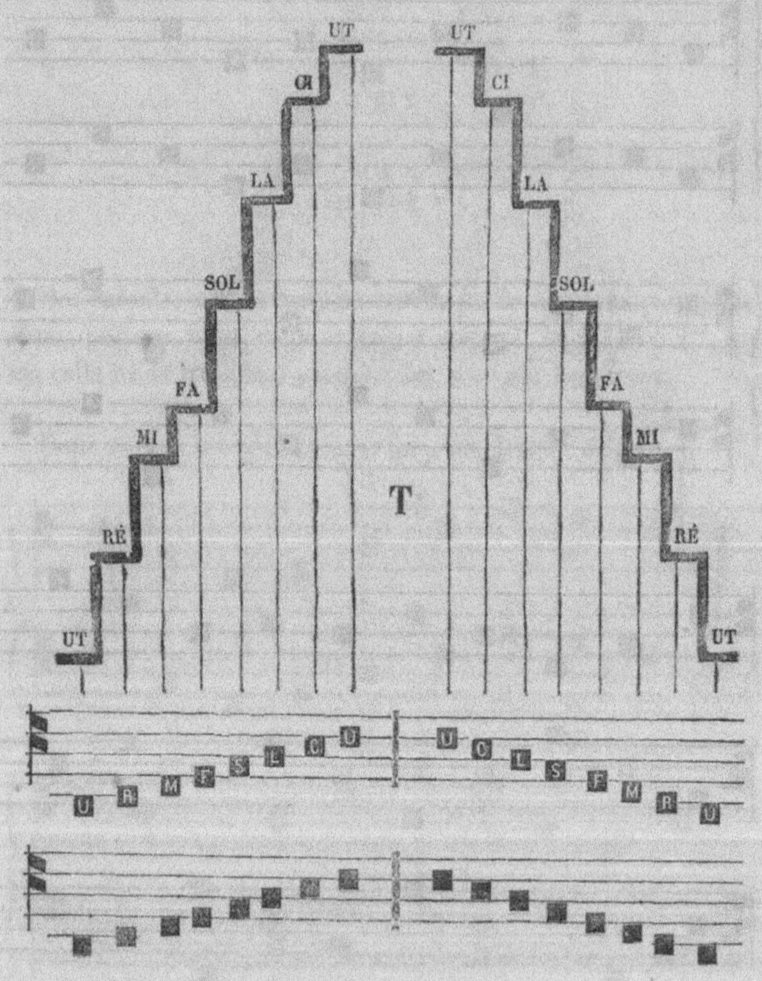
UT
UT
CI
CI
LA
LA
SOL
SOL
FA
FA
MI
MI
RÉ
RÉ
UT
UT
T
U C L S F M R U
U R M F S L C U

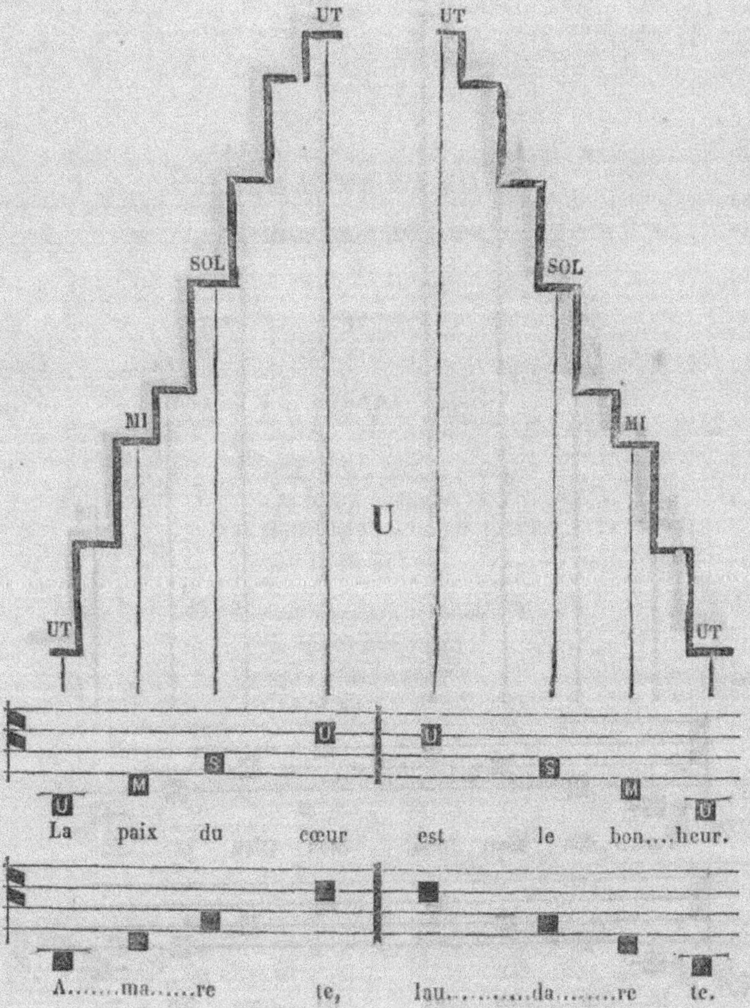

UT
UT
SOL
SOL
MI
MI
U
UT
UT
U
U
S
S
M
M
U
U
La paix du cœur est le bon....heur.
A........ma......re te, lau..........da........re te.

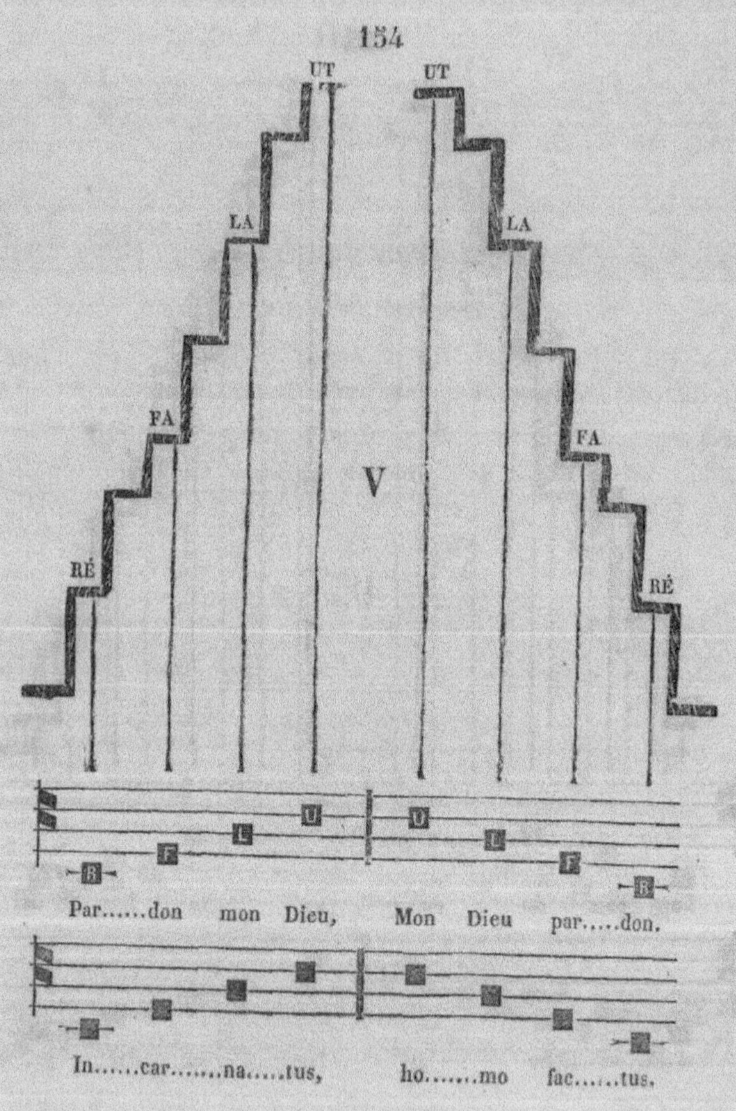
UT
UT
LA
LA
FA
FA
V
RÉ
RÉ
Par......don mon Dieu,
Mon Dieu par.....don.
In......car.......na.....tus,
ho......mo fac.....tus.

XX

CHANTS-ÉTUDES
Sur Clef d'UT 2ᵐᵉ.

LA FIN DU JOUR.

Au loin, là-bas dans la plaine,
Je vois le contour
Se perdre en l'ombre incertaine
De la fin du jour.

Sur son rameau qui balance,
L'oiseau déjà dort ;
Partout règne du silence
Le sublime accord.

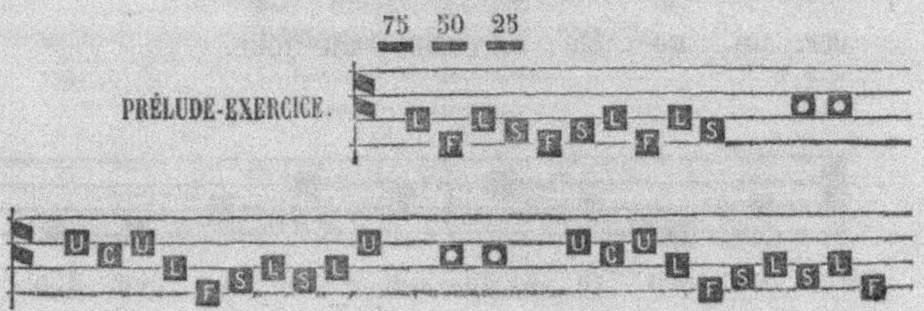

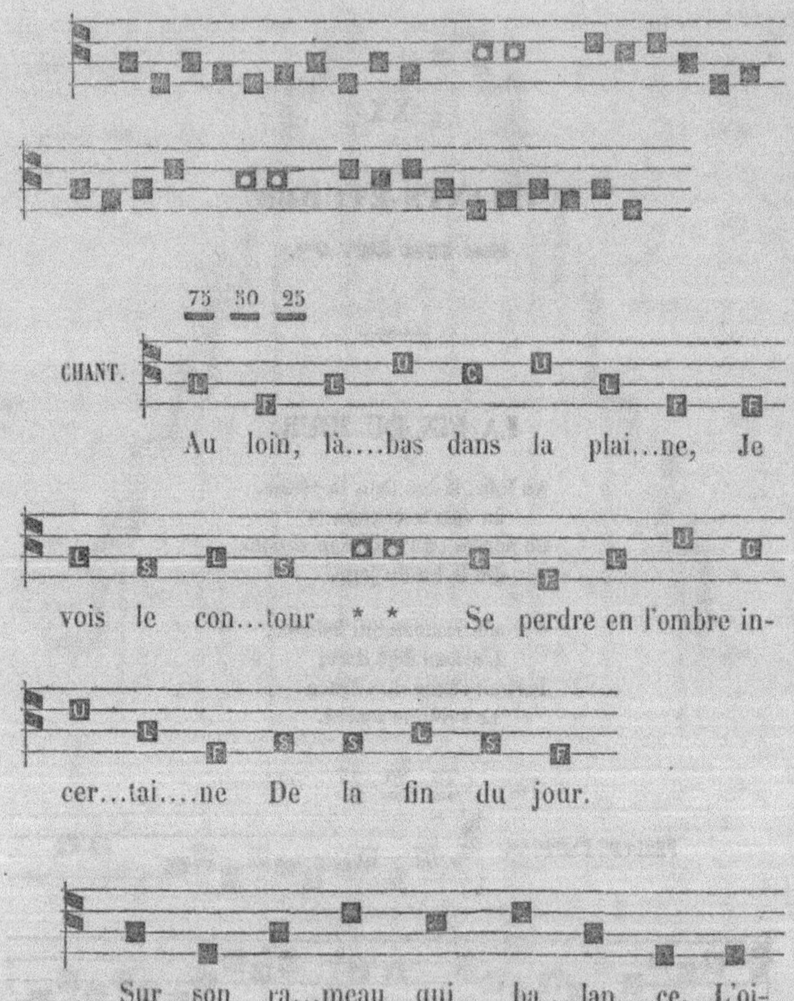
75 30 25
CHANT.
Au loin, là....bas dans la plai...ne, Je
vois le con...tour * * Se perdre en l'ombre in-
cer...tai....ne De la fin du jour.
Sur son ra...meau qui ba....lan....ce, L'oi-

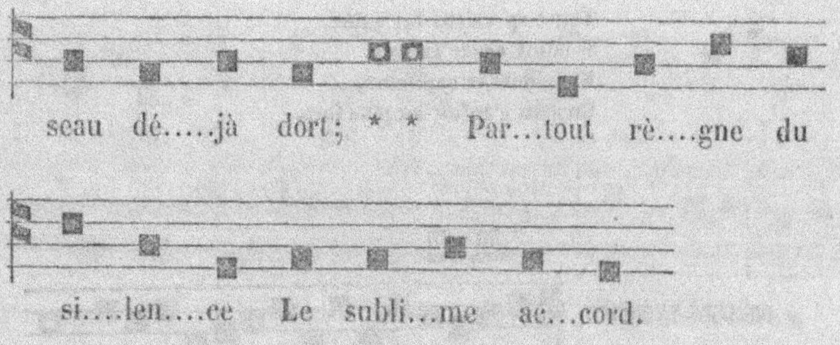

LE COMBAT DES RATS ET DES BELETTES.

(Imité de LA FONTAINE.)

Jadis la race Belettes
Ainsi que celle des Chats,
Prirent carquois, arbalettes,
Et firent la guerre aux Rats.

Le roi des cités ratières
Déploya ses étendards,
Et la gent des Souricières
Accourut de toutes parts.

Il y eut, dans chaque bande,
Sang et morts en tous endroits,
Mais la perte fut plus grande
Chez le peuple souriquois.

Toute sa valeur fut vaine,
Il fallut céder au sort,
Et soldats et capitaine,
Chacun s'enfuit au plus fort.

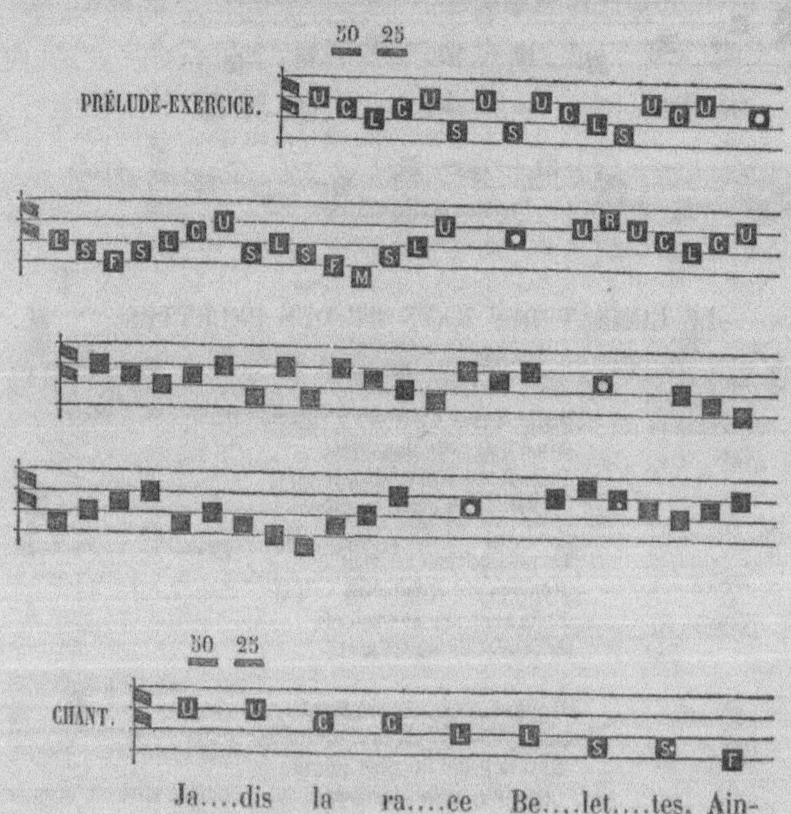

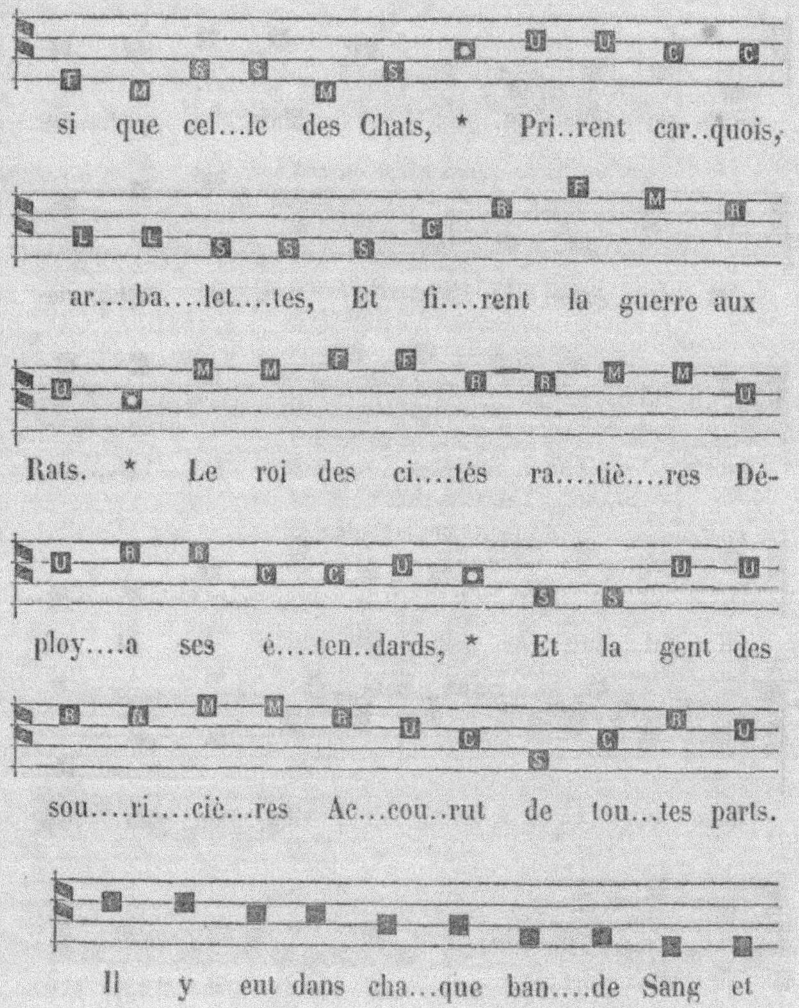
si que cel...le des Chats, * Pri..rent car..quois,
ar....ba....let....tes, Et fi....rent la guerre aux
Rats. * Le roi des ci....tés ra....tiè....res Dé-
ploy....a ses é....ten..dards, * Et la gent des
sou....ri....ciè...res Ac...cou..rut de tou...tes parts.
Il y eut dans cha...que ban....de Sang et

. morts en tous en...droits, * Mais la per....te
fut plus gran...de Chez le peu...ple sou....ri-
quois. * Tou....te sa va....leur fut vai....ne,
Il fal....lut cé....der au sort, * Et soldats et ca....pi.....tai....ne, Cha...cun s'en....fuit
au plus fort.

LA MADONE DU ROCHER.

Lorsque le ciel tonne,
La bonne Madone
Veille bien sur nous ;
Et de la tempéte
Loin de notre tète
Vont tomber les coups.

A son sanctuaire
Creusé dans la pierre,
Portons en retour
Nos vœux, nos prières,
Les fleurs des parterres
Et tout notre amour.

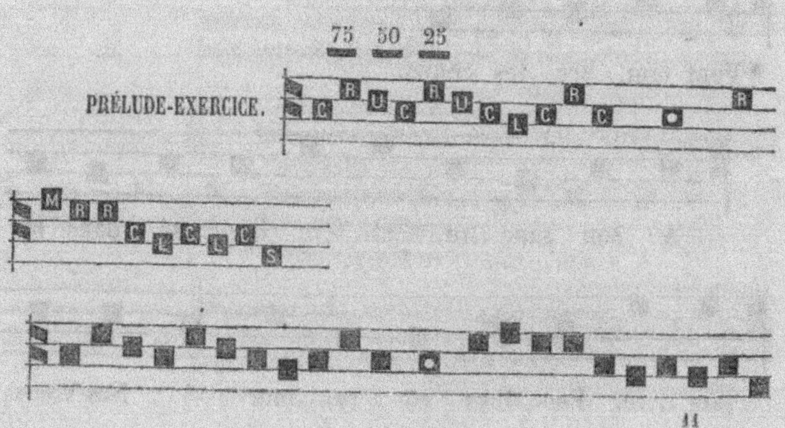

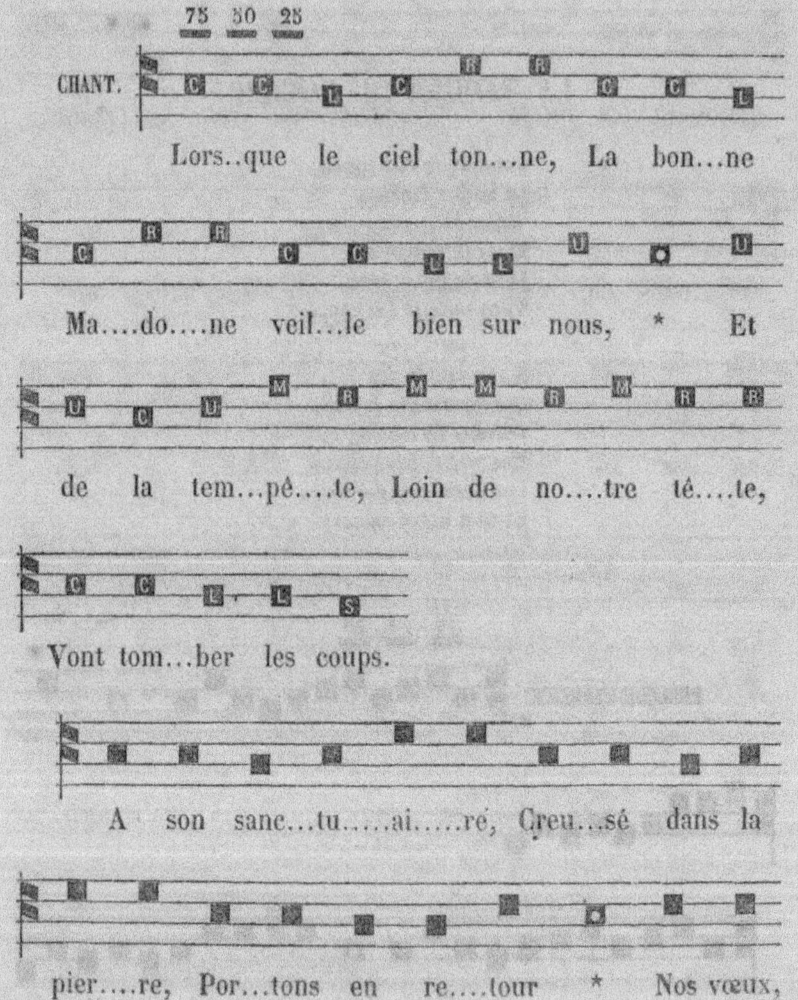
CHANT.
Lors..que le ciel ton...ne, La bon...ne
Ma....do....ne veil...le bien sur nous, * Et
de la tem...pê....te, Loin de no....tre tê....te,
Vont tom...ber les coups.
A son sanc...tu.....ai.....ré, Creu...sé dans la
pier....re, Por...tons en re....tour * Nos vœux,

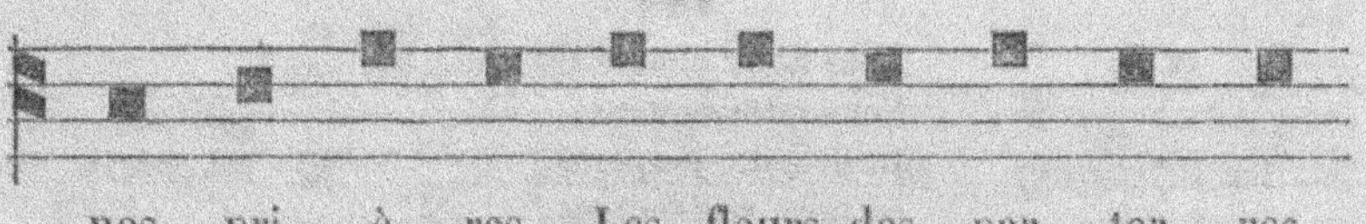

L'ORAGE.

Fuyons, fuyons, voici venir l'orage ;
Le vent mugit et le ciel devient noir ;
Quittons, quittons ces bords et ce feuillage,
Déjà j'entends chanter l'oiseau du soir.

> Dans notre chaumière
> Allons vite, allons ;
> Et demain, mon frère,
> Nous retournerons ;
> Oui, dans la chaumière
> Allons vite, allons.

Restons, restons, ne craignons pas l'orage,
Pour les enfants le ciel n'est jamais noir.
Jouons, chantons, ici sous ce feuillage,
Et puis, ma sœur, quand il sera bien soir :

164

Dans notre chaumière
Nous retournerons ;
Et demain, j'espère,
Là nous reviendrons,
Puis à la chaumière
Nous retournerons.

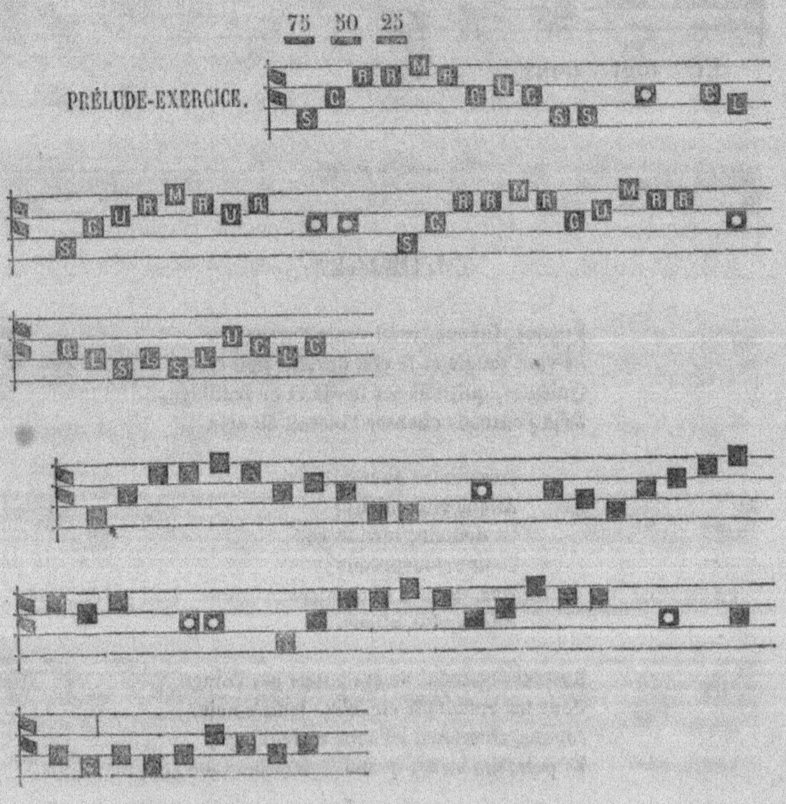

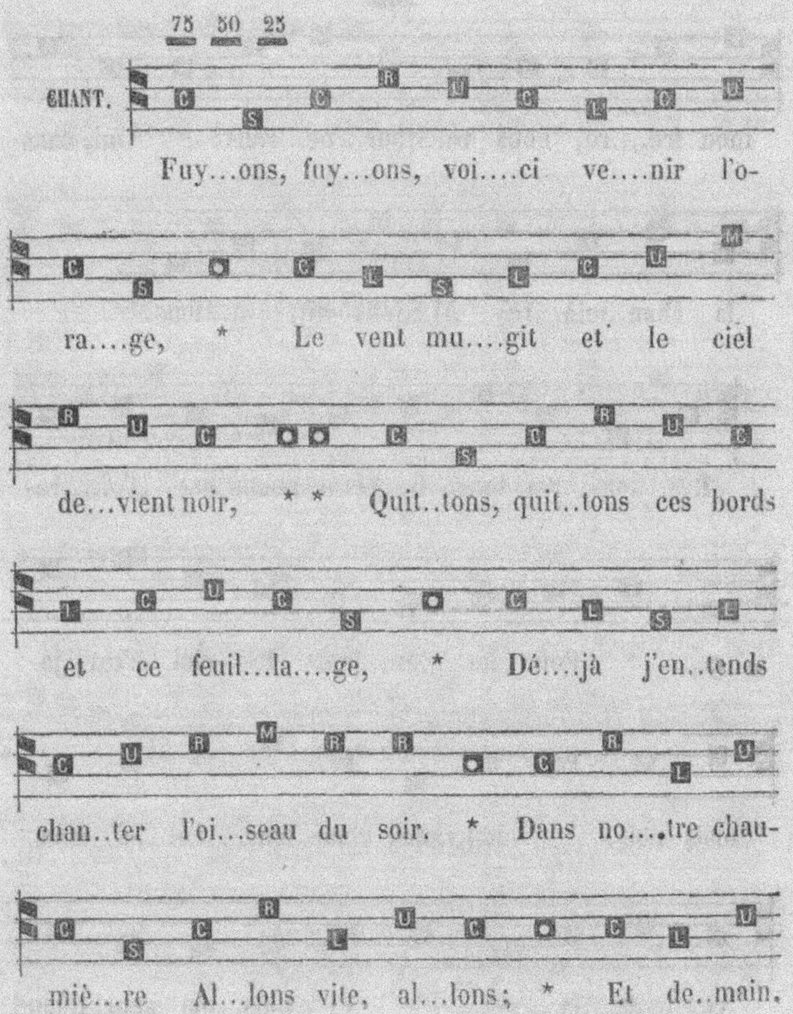
75 50 25
CHANT.
Fuy...ons, fuy...ons, voi....ci ve...nir l'o-
ra....ge, * Le vent mu...git et le ciel
de...vient noir, * * Quit..tons, quit..tons ces bords
et ce feuil...la....ge, * Dé...jà j'en..tends
chan..ter l'oi...seau du soir. * Dans no....tre chau-
miè...re Al...lons vite, al...lons; * Et de..main.

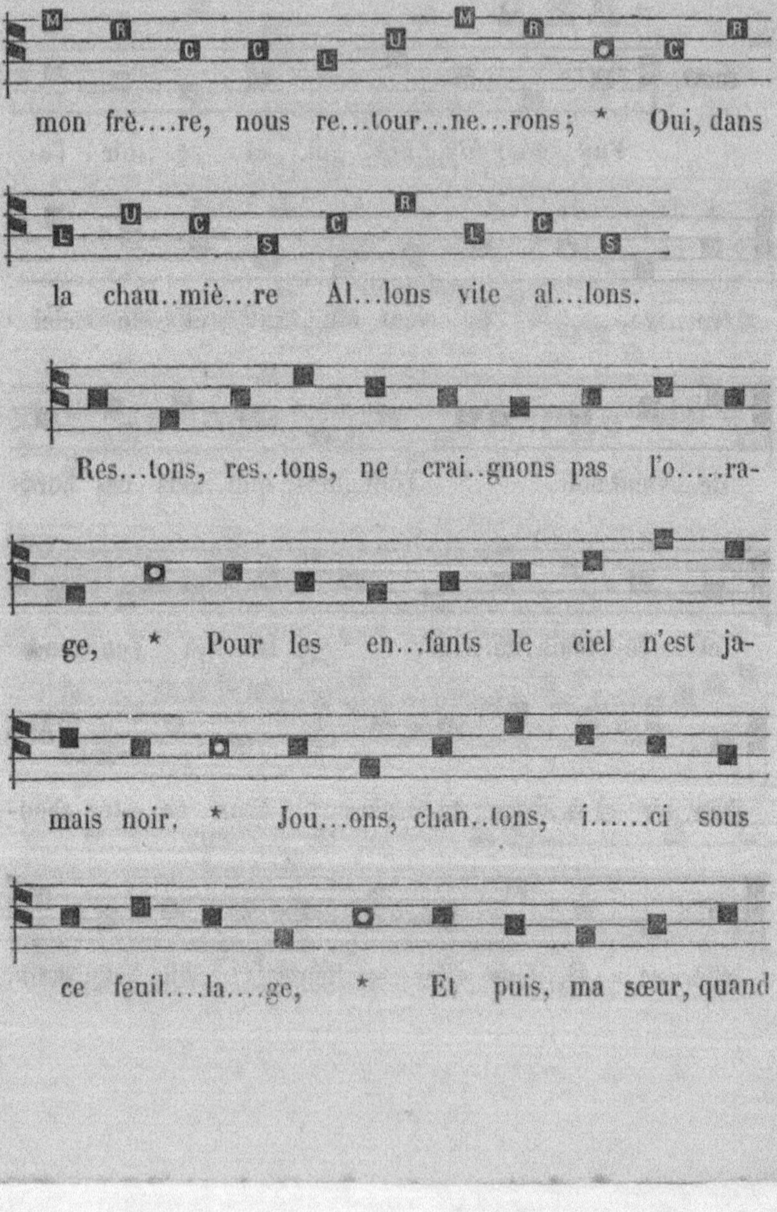

mon frè....re, nous re...tour...ne...rons; * Oui, dans

la chau..miè...re Al...lons vite al...lons.

Res...tons, res..tons, ne crai..gnons pas l'o.....ra-

ge, * Pour les en...fants le ciel n'est ja-

mais noir. * Jou...ons, chan..tons, i......ci sous

ce feuil....la....ge, * Et puis, ma sœur, quand

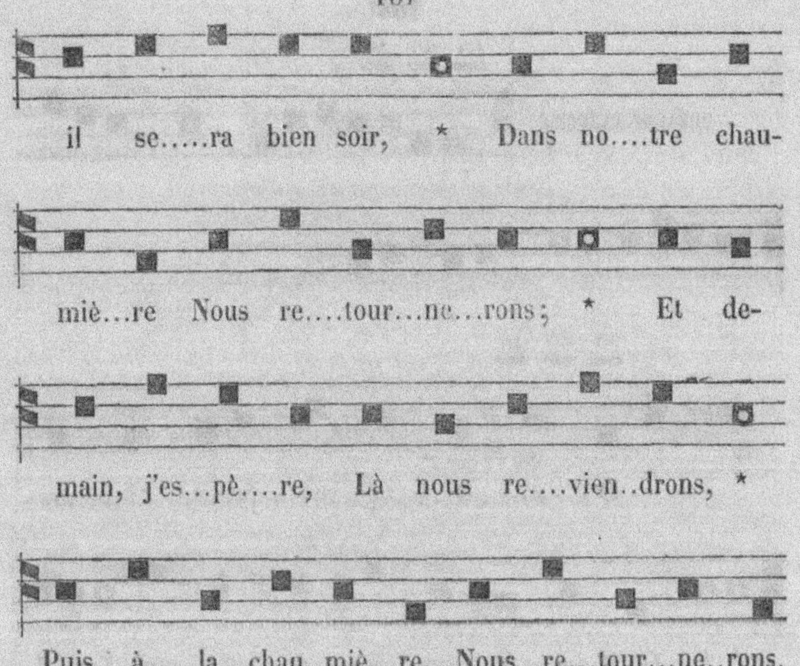

O SALUTARIS.

O salutaris hostia
Quæ cœli pandis ostium
Bella premunt hostilia
Da robur, fer auxilium.

80 60 40

PRÉLUDE-EXERCICE.

80 60 40

CHANT.

O   sa....lu......ta....ris   hos.......ti......a,

* *   Quæ cœ....li pan...dis os.....ti....um, * * *

Bel....la   pre..munt hos...ti........li......a   * *   Da-

ro...bur fer au.......xi........li....um.

INVIOLATA.

Inviolata, integra et casta es Maria,
Quæ es effecta fulgida cæli porta.
O Mater alma Christi carissima
Suscipe pia laudum præconia.

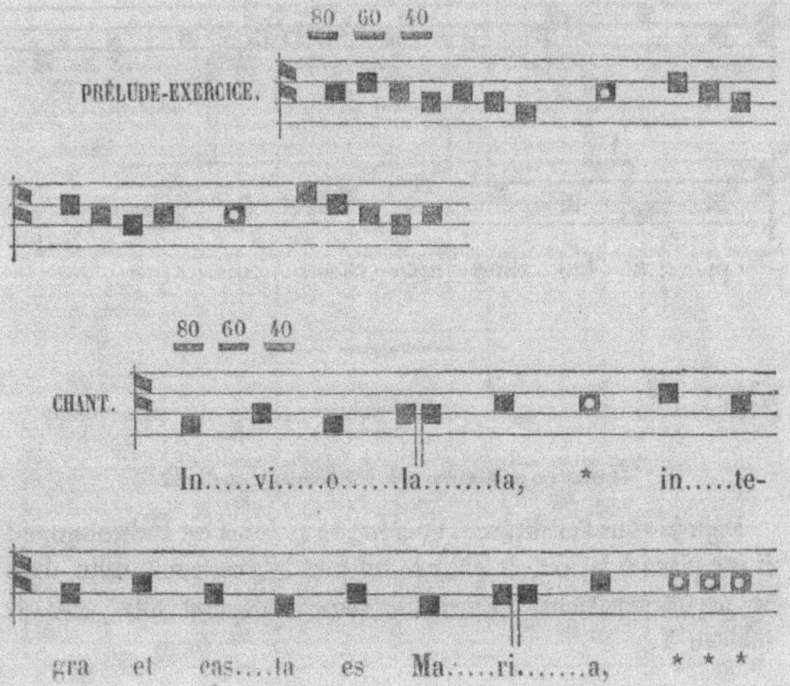

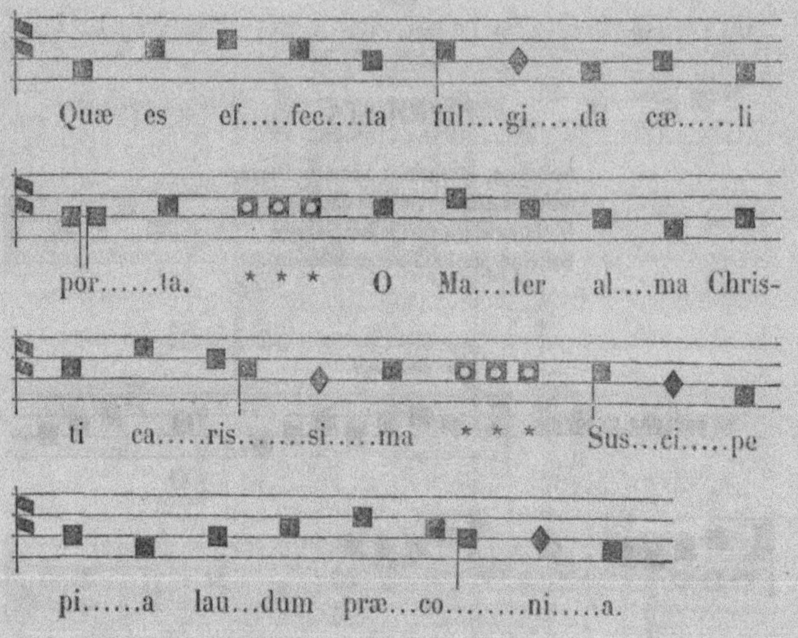

XXI

Gamme affectée du CI bémol radical.

Déjà je vous l'ai dit, mes enfants, le ci *bémol* est radical quand il est placé à la *clef*. Il change un peu la *gamme* naturelle dans sa partie supérieure, ainsi que vous le dépeint aux yeux le tableau Y.

En *plain-chant*, il n'est jamais radical qu'avec la *clef* d'UT 1ʳᵉ et la *clef* d'UT 2ᵐᵉ, et non avec la *clef* de FA.

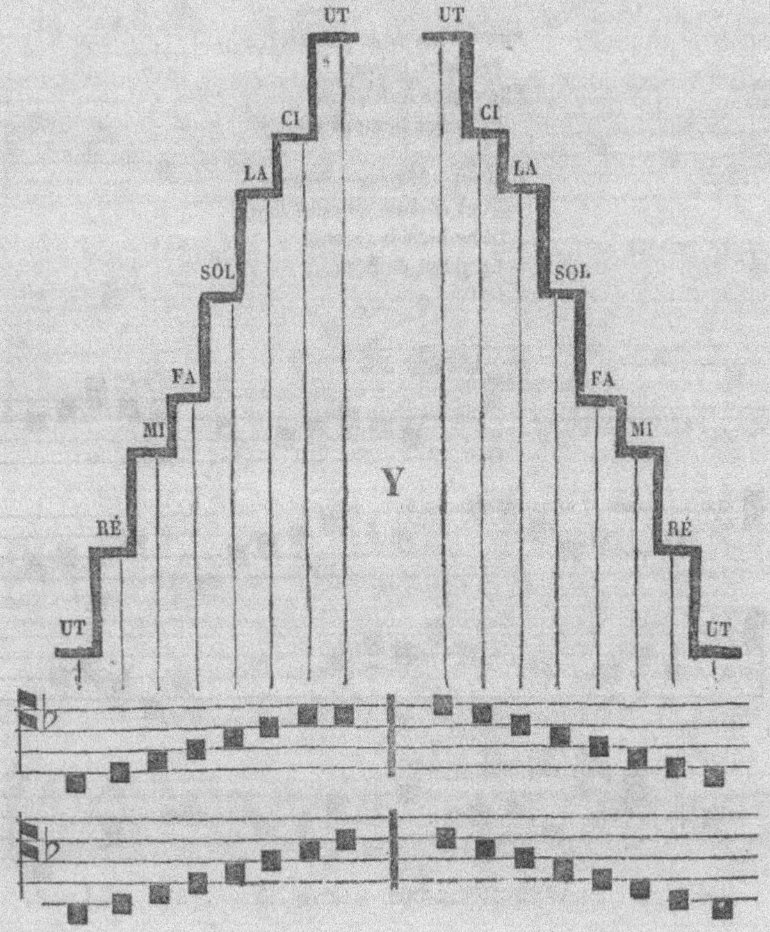

LA ROSÉE.

Aux herbes de la prairie,
Précieux trésor,
Elle donne fraîche vie
Et beaux boutons d'or.

Elle est à la fleur naissante
Tout comme au saint lieu,
A l'âme bien innocente
La grâce de Dieu.

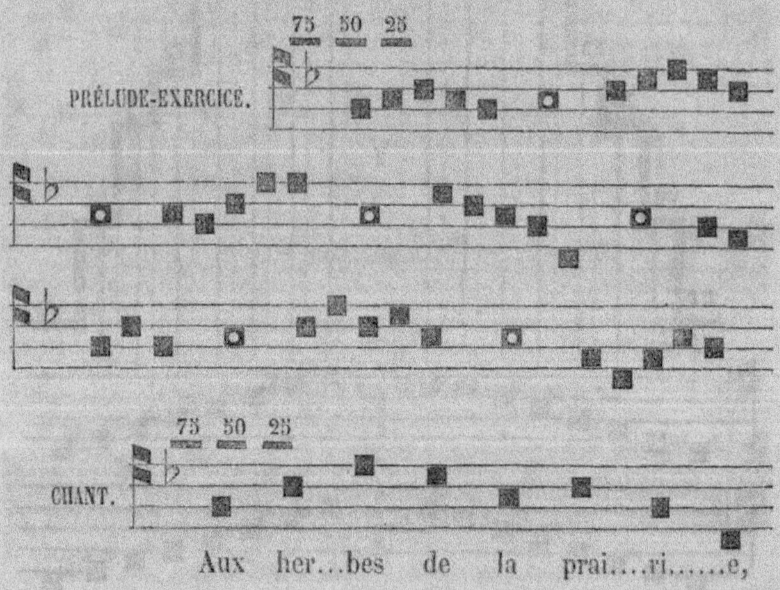

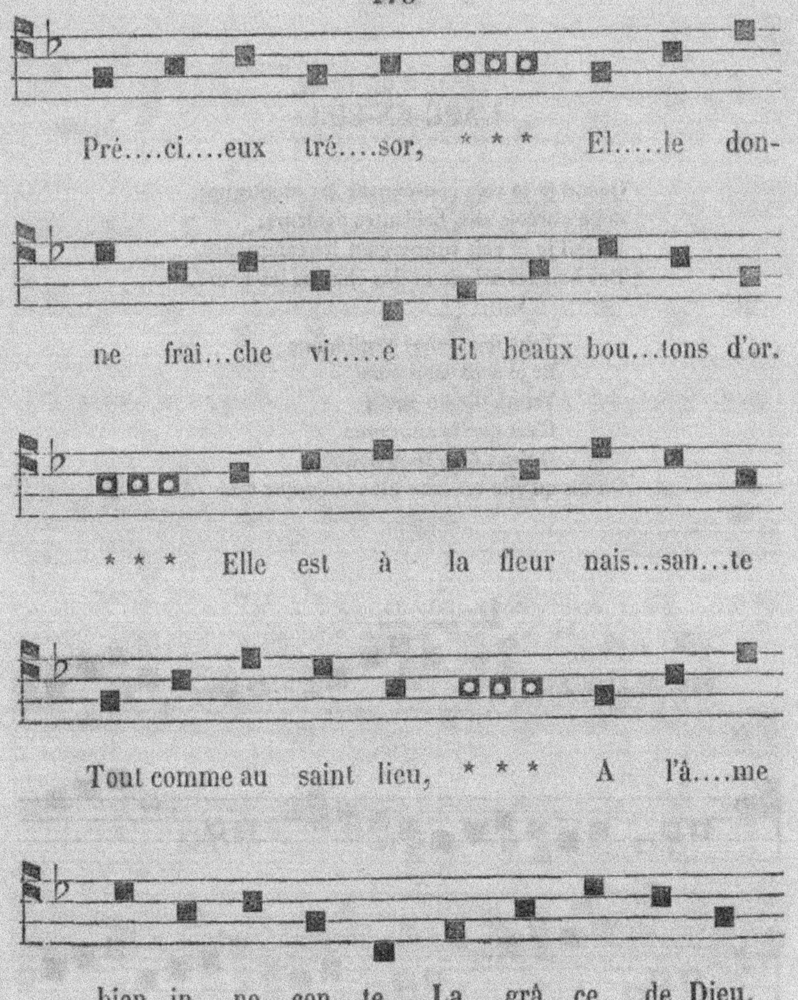
Pré....ci....eux tré....sor, * * * El.....le don-
ne frai...che vi.....e Et beaux bou...tons d'or.
* * * Elle est à la fleur nais...san...te
Tout comme au saint lieu, * * * A l'â....me
bien in....no...cen...te La grâ...ce de Dieu.

L'ARC-EN-CIEL.

Quand je te vois couronnant les montagnes,
Belle auréole aux brillantes couleurs,
Quand je te vois couronnant les campagnes,
Des bois les arbres et des champs les fleurs,

Tout mon cœur s'enflamme
Et je sens mon âme
Tressaillir en moi ;
C'est que la couronne
Qu'aux élus Dieu donne
On dit qu'elle est bien plus belle que toi.

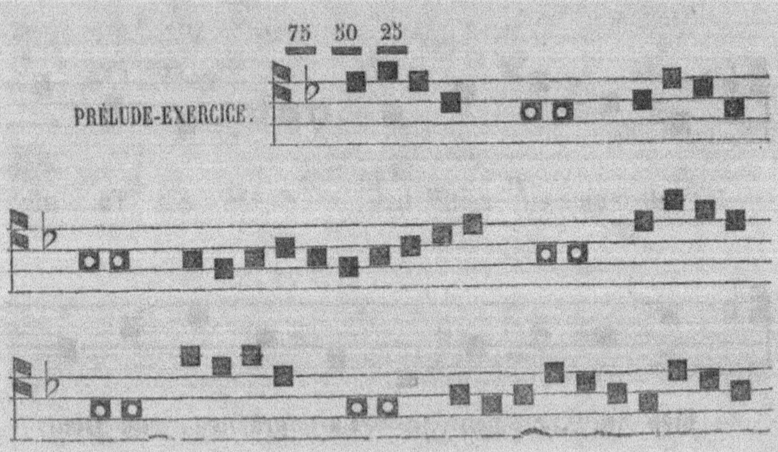

PRÉLUDE-EXERCICE.

CHANT.
Quand je te vois cou...ron...nant les
mon...ta....gnes, * Belle au.....ré.....ole aux bril-
lan....tes cou...leurs, * * Quand je te vois
cou...ron...nant les cam...pa...gnes, * Des bois
les ar....bres et des champs les fleurs, *

Tout mon cœur s'en...flam..me, et je sens mon

à.....me Tres..sail....lir en moi; * C'est que

la cou...ron....ne Qu'aux é.....lus Dieu don...ne,

On dit qu'elle est bien * plus bel....le que

toi, * On dit qu'elle est bien * plus bel-

le que toi.

PANGE LINGUA.

(Liturgie viennoise.)

Pange, lingua, gloriosi
Corporis mysterium ;
Sanguinis que pretiosi
Quem in mundi pretium
Fructus ventris generosi
Rex effudit gentium.

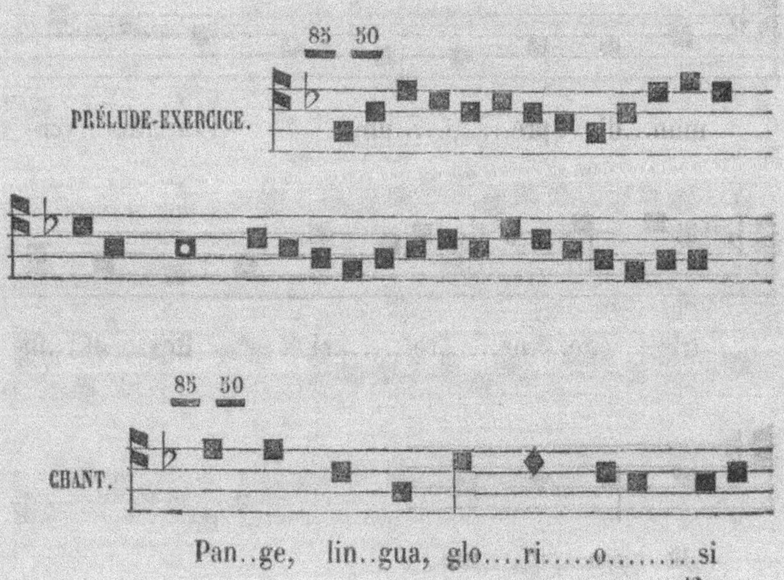

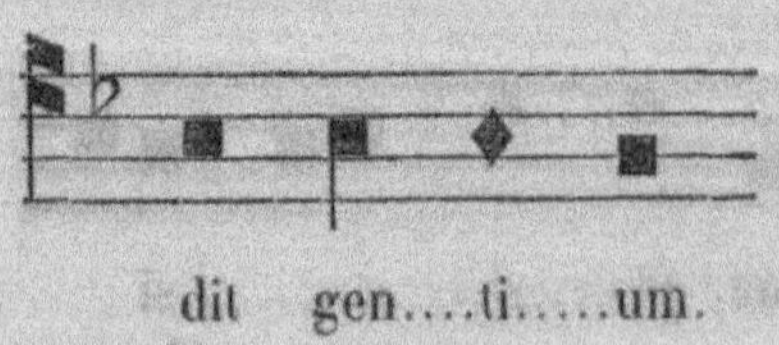
*   Cor....po....ris   mys...te.....ri....um ;   *   San-
gui...nis   que   pre....ti.....o.........si   Quem   in
mun...di   pre.....ti.....um   *   Fruc..tus   ventris   ge....ne......ro.......si   *   Rex   ef....fu-
dit   gen....ti.....um.

L'ENFANT ET L'AGNEAU.

J'ai là, dans mon étable,
Un tout petit agneau,
Si blanc, si délectable,
Qu'il n'est rien de si beau.

Le soir, moi je le baise,
Et lui, le lendemain,
Courant sur la falaise,
Vient me lécher la main.

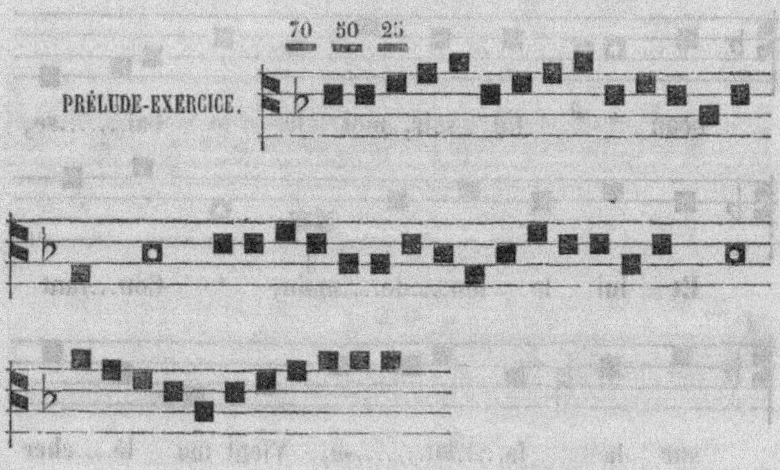

180

CHANT.

70 50 25

J'ai là, dans mon é......ta.......ble, Un

tout pe....tit a.....gneau, *   Si blanc, si

dé....lec....ta.......ble, Qu'il n'est rien de si

beau * *   Le soir, moi je le bai...,....se,

Et lui le len....de....main, *   Cou...rant

sur la fa.....lai.........se, Vient me lé....cher

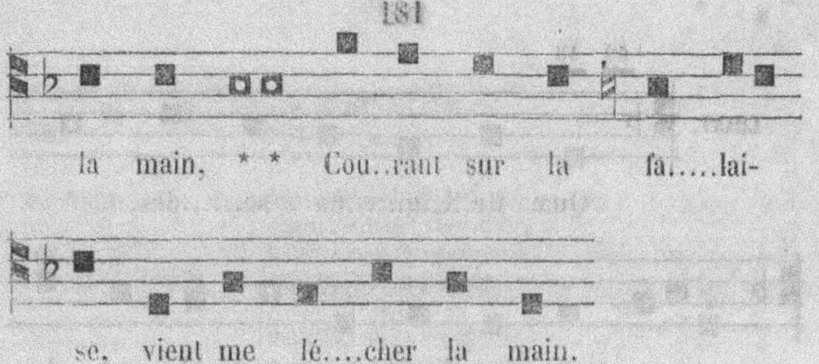

O VOS ÆTHEREI.

(Rit viennois.)

Quæ Regina sedes, proxima Christo,
Alto de solio vota tuorum,
Audi ; namque potes flectere natum ;
Virgo, mater amas nos quoque natos.

PRÉLUDE-EXERCICE.

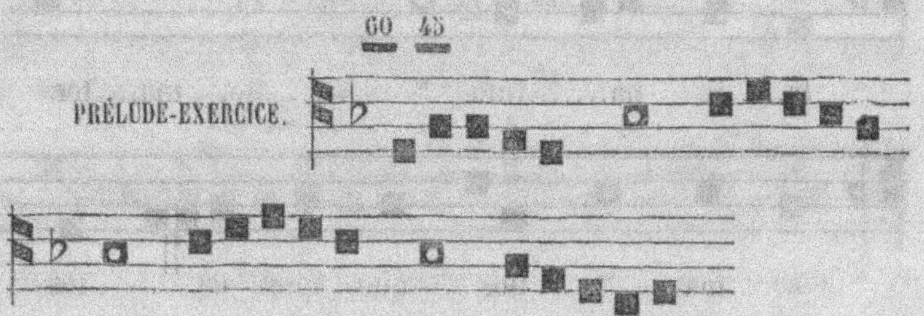

CHANT.
Quæ Re.....gi.....na se......des, *
pro.........xi....ma Chris...to, * Al.....to de
so............li.....o * vo....ta tu.....o......rum,
* Au....di; nam...que po....tes * flec-
te.....re na......tum * Vir....go, ma....ter
a.....mas * nos quo...que na.........tos.

BONSOIR.

(Variantes.)

Déjà tout fait silence,
Amis, rentrons chez nous,
Et chantons en cadence
L'adieu du rendez-vous :

Bonsoir, amis, bonsoir,
Demain, que Dieu fasse tous nous revoir,
Bonsoir, amis, bonsoir.

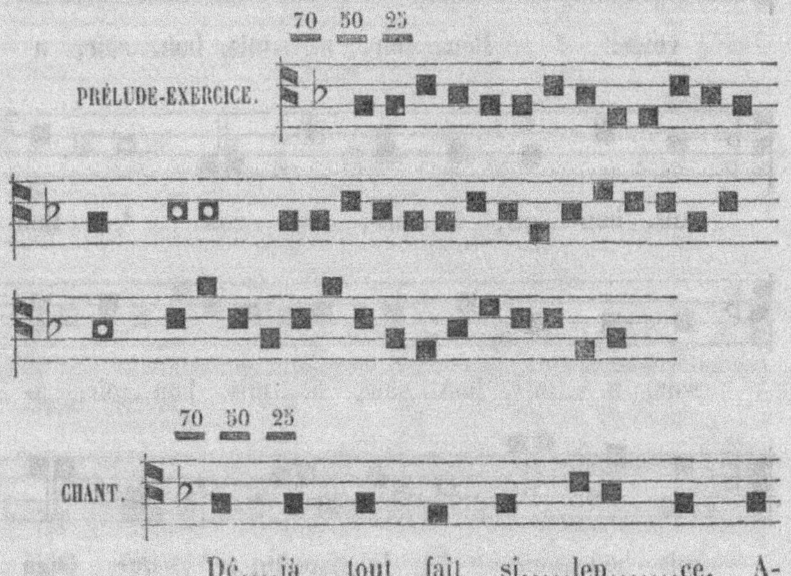

mis, ren...trons chez nous, * Et chan..tons
en ca.....den.....ce L'a...dieu du ren....dez-
vous : * Bon...soir, a.....mis, bon...soir, a-
mis, bon...soir, a....mis, bon....soir. * Bonsoir, a.....mis, bon...soir, a....mis, bon..soir, a-
mis, bon...soir. * De....main, * que Dieu

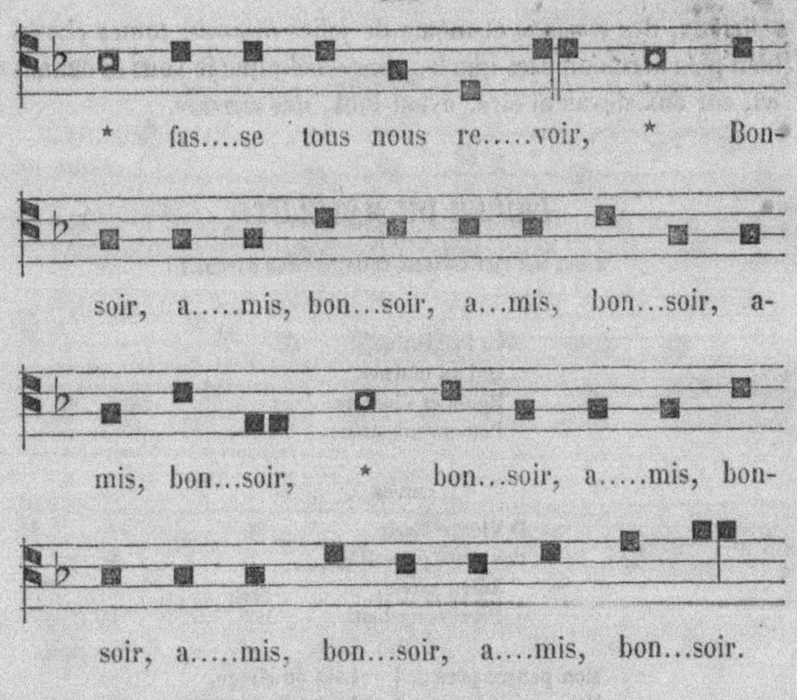

Je vais terminer ces études de *plain-chant*, mes enfants, par la *Prière du matelot*.

Cette petite *romance* est une de celles qui composent le petit recueil que j'ai fait tout exprès pour vous.

Vous y trouverez des *cantiques*, des *motets* latins, des *chœurs* religieux, des *romances* et même de jolies *chansons*, toutes choses bien plus harmonieuses que les *chants-études* que je vous ai donnés ici, car eux devaient être, avant tout, des *exercices*.

PRIÈRE DU MATELOT.

(A mon ami Victor-Féréol BRON, souvenir d'amitié.)

La brigantine,
Qui va tourner,
Roule et s'incline
Pour m'entrainer.

CHŒUR.

O Vierge Marie
Pour moi priez Dieu;
Adieu patrie,
Provence adieu.

Mon pauvre père
Verra souvent
Pâlir ma mère
Au bruit du vent.

O Vierge Marie, etc.

Loin du rivage,
Bien loin du port,
Je crains l'orage,
Je crains la mort.

O Vierge Marie, etc

Ma confiance
Dans votre amour
Fait l'espérance
De mon retour.

O Vierge Marie, etc.

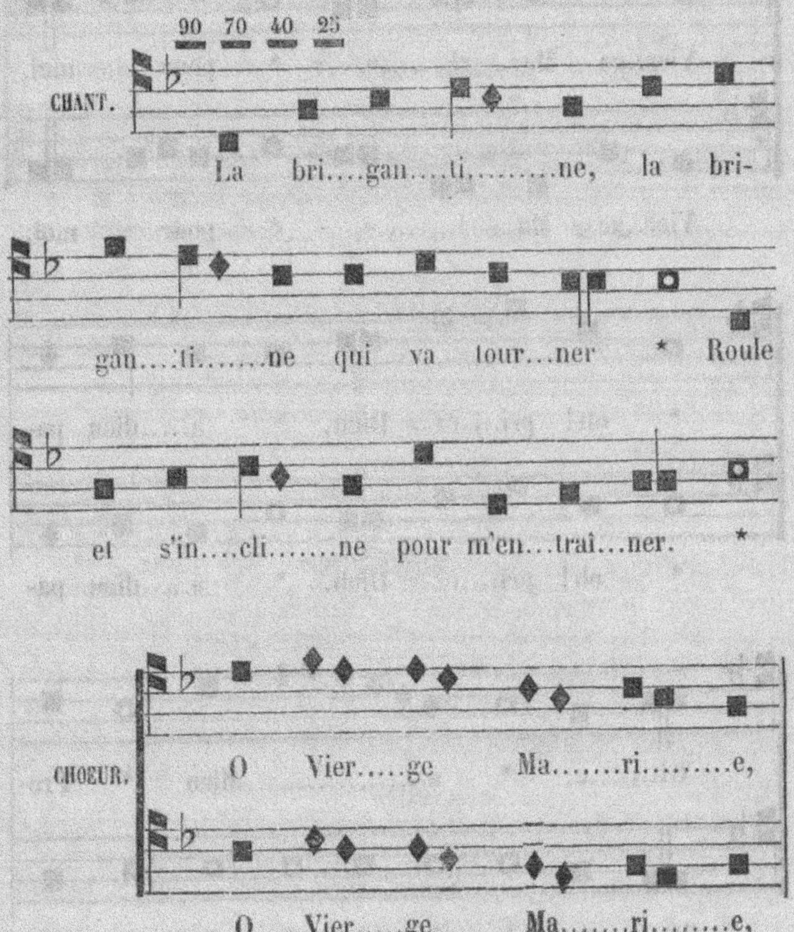
90 70 40 25
CHANT.
La bri....gan....ti,.........ne, la bri-
gan....ti.........ne qui va tour...ner * Roule
et s'in....cli.......ne pour m'en...traî...ner. *
CHOEUR.
O Vier.....ge Ma...,...ri.........e,
O Vier.....ge Ma.......ri.........e,

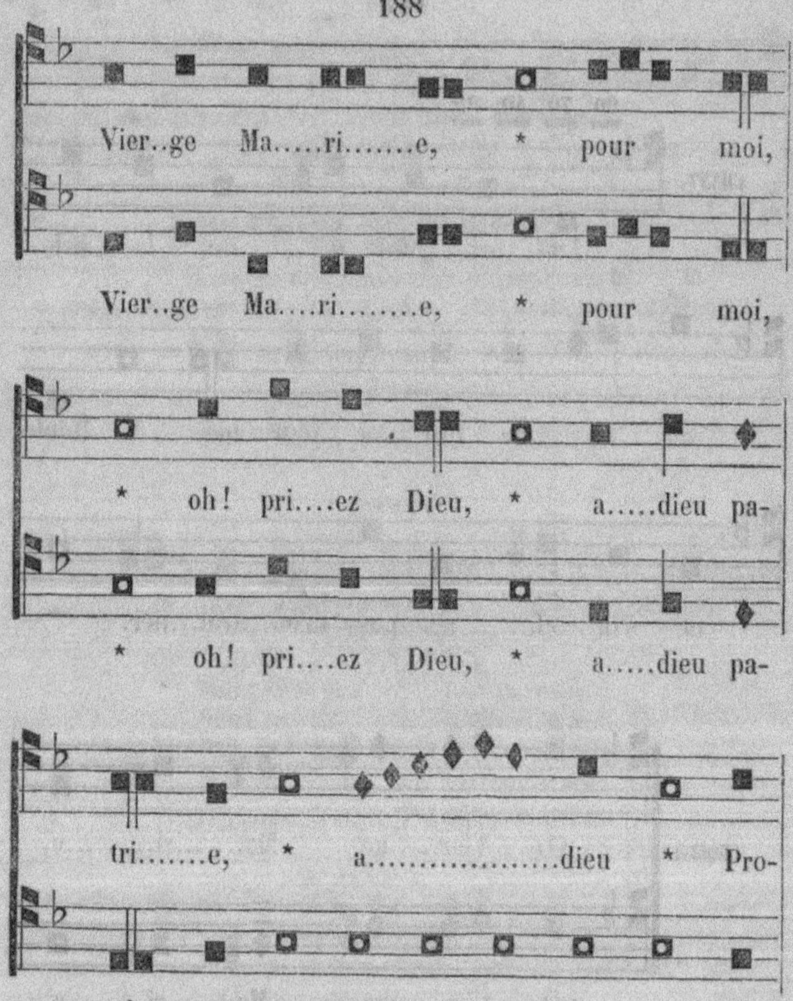

Vier..ge Ma.....ri.......e, * pour moi,
Vier..ge Ma....ri........e, * pour moi,
* oh! pri....ez Dieu, * a.....dieu pa-
* oh! pri....ez Dieu, * a.....dieu pa-
tri.......e, * a....................dieu * Pro-
tri.......e, * Pro-

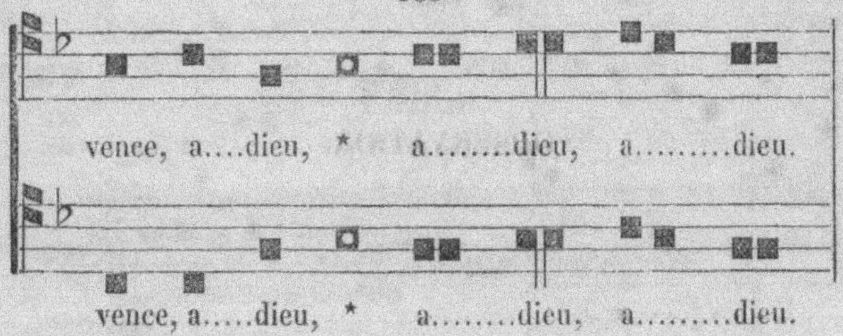

vence, a....dieu, ★ a........dieu, a........dieu.
vence, a.....dieu, ★ a........dieu, a........dieu.

OBSERVATION.

Dans ce petit ouvrage, il n'a pas été parlé des *demi-barres*, des *barres*, des *doubles barres*, des *guidons*, etc., parce que toutes ces choses n'ont pas une grande réalité et cessent d'être employées dans la plupart des nouvelles éditions de livres liturgiques.

Il n'a pas été parlé des *intonations*, des *tons majeurs* ou *mineurs*, *réguliers* ou *irréguliers*, etc., parce que tout cela eût entraîné des explications trop abstraites pour des enfants, et que ce sont des choses fort peu nécessaires pour le simple *savoir chanter*.

Cette *méthode* n'est absolument que pour former les enfants à la connaissance des *notes* et à celle des *distances de sons* relatives à chacune d'elles. Une fois que cette science sera bien acquise, tout le reste se comprendra facilement sur les *livres de chant ordinaires*.

D'ailleurs, le *panorama* de cette *méthode* aura des *tableaux* qui donneront toutes les facilités nécessaires pour initier les jeunes élèves à ces dernières notions.

TABLE.